Letzter Ausweg vegan

Warum wir jetzt eine Ernährungsrevolution brauchen,
um unsere Zukunft zu bewahren

JOHN ROBBINS

Letzter Ausweg vegan

Warum wir jetzt eine Ernährungsrevolution brauchen,
um unsere Zukunft zu bewahren

Aus dem Amerikanischen von Ulrich Magin

HANS-NIETSCH-VERLAG

Titel der Originalausgabe:
No Happy Cows.
Dispatches from the Frontlines of the Food Revolution,
erschienen bei *Conari Press*, San Francisco/Kalifornien

Translation Right arranged with
Book Conari Press, San Francisco/Kalifornien

Lektorat: Otmar Fischer
Korrektorat: Hans Jürgen Kugler
Innenlayout und Satz: Hans-Jürgen Maurer
Cover: Kurt Liebig
Coverabbildungen: Sutterstock (Dmitry Kalinovsky, Mikhail Bukhavets und
Oksana Merzlyakova)
Druck: FINIDR, s.r.o., Český Těšín/Tschechische Republik

Hans-Nietsch-Verlag
Am Himmelreich 7
79312 Emmendingen

www.nietsch.de
info@nietsch.de

ISBN 978-3-86264-220-5

Inhalt

DRITTER TEIL
Industrielle Lebensmittelproduktion – und andere schmutzige Geschäfte

VIERTER TEIL
Mensch sein in dieser problembeladenen Welt

ANHANG

Vorbemerkung des deutschen Herausgebers

Als vor mehr als dreißig Jahren John Robbins' erstes Buch erschien, erschütterte es die USA in ihren Grundfesten. Zu selbstverständlich herrschte dort der Glaube vor, dass riesige Steaks und Hamburger-restaurants an jeder Straßenecke unverzichtbare Elemente des American Way of Life wären. John Robbins lüftete in *Diet for a New America** den Schleier und die brutale Wahrheit über das Essen auf den Tellern wurde sichtbar. Vielen Menschen wurde auf einmal klar, dass ihre Lust auf Fleisch ein Monster hervorgebracht hatte: eine unerbittliche Nahrungsmittelindustrie, die Tiere nur als Rohstoff und die Gesundheit der Verbraucher als vernachlässigbare Größe betrachtete.

Zu jener Zeit begann die vegetarische Lebensweise in den westlichen Industrieländern eine logische Konsequenz für alle darzustellen, deren Unbehagen über die grausamen Verhältnisse in der Massentierhaltung sich durch keinen noch so verführerischen Bratenduft mehr besänftigen ließ. Dazu kam, dass John Robbins endgültig mit dem Mythos aufräumte, dass Vegetarier zwangsläufig mangelernährt seien.

Heute stehen wir vor einer neuen Situation. Uns wird bewusst: Selbst wenn sich die Mehrheit der Menschen weltweit für eine vegetarische Lebensweise entscheiden würde, hätte das weder ein Ende der Massentierhaltung oder des Welthungers noch eine ökologische Trendwende zur Folge. Außerdem rücken derzeit die gesundheitlichen Nachteile tierischer Produkte wie Milch und Eier zunehmend in unser Blickfeld.

---

* Deutsch: *Ernährung für ein neues Jahrtausend*, Hans-Nietsch-Verlag, Freiburg 1995

Das hier nun in deutscher Sprache vorliegende neue Buch von John Robbins heißt im Original *No Happy Cows* (Keine glücklichen Kühe). Als Titel der deutschen Ausgabe haben wir uns für *Letzter Ausweg vegan* entschieden. Das soll die grundlegende Ausweglosigkeit einer global immer stärker werdenden Betonung tierischer Produkte in der menschlichen Ernährung benennen, die nur durch eine wachsende Wertschätzung pflanzlicher Lebensmittel überwunden werden kann. Die Vorteile einer solchen pflanzlichen Ernährungsweise beschreibt John Robbins überzeugend im vorliegenden Buch. Doch wie immer gesteht er jedem Menschen die Freiheit zu, sich selbst für das eine oder andere zu entscheiden.

Einführung

Manchmal denkt man, da draussen herrsche Krieg. Wer hätte es wohl für möglich gehalten, dass es sich zum Skandal auswachsen würde, als die First Lady Michelle Obama, kurz nachdem ihr Mann Präsident geworden war, einen Bio-Garten am Weißen Haus anlegte? Denn eigentlich war das ja so harmlos wie Lady Bird Johnsons Kampagne, die Städte und Straßen des Landes durch das Pflanzen von Blumen zu schmücken oder Laura Bushs Versuche, die Kinder zum Lesen zu bewegen.

Und doch geriet *CropLife America*, der Wirtschaftsverband, dem unter anderem *Monsanto* und weitere Erzeuger von Pestiziden und genmanipulierten Nahrungsmitteln angehören, außer sich. Voller Empörung verkündete er in einem Schreiben an die First Lady landesweit, dass ihr Bio-Garten eine unfaire Diskriminierung der chemischen Landwirtschaft bedeute. Er forderte, sie solle „Technologien des Pflanzenschutzes" einsetzen, also Pestizide.

Nach dem Grade der Entrüstung hätte man meinen können, dass die Regierung Obama vorhabe, die Agroindustrie frontal zu bekämpfen. Aber das stimmte nicht. Der Präsident hatte längst einen entschiedenen Verfechter der industriellen Landwirtschaft, Tom Vilsack, zum Landwirtschaftsminister ernannt. Vilsack unterstützt den Einsatz von Agrochemie, die Existenz großer, technisierter Höfe und die Erzeugung genmanipulierter Nahrungsmittel so energisch, dass ihn *Monsanto*, als er noch Gouverneur des US-Bundesstaates Iowa war, zum „Gouverneur des Jahres" kürte.

Um allen überdeutlich zu zeigen, dass er die agrochemischen und industrialisierten Landwirtschaftsunternehmen in Ruhe zu lassen gedachte, ernannte Obama sogar den Mann, der hauptsächlich für den

Siegeszug der genmanipulierten Nahrungsmittel in den Vereinigten Staaten verantwortlich war, Michael R. Taylor, zum Berater des Kommissars der Arzneimittelbehörde. Und – als sollte das nicht genügen – beförderte Obama Taylor dann zudem auf den mächtigen Posten des *Deputy Commissioner for Foods**.

Es handelte sich um denselben Michael R. Taylor, der praktisch allein das Kunststück fertigbrachte, dass *Monsantos* genmanipulierte Nahrungsmittel in den Vereinigten Staaten verkauft werden durften, ohne dass sie vorher angemessen auf mögliche Gesundheitsrisiken untersucht wurden. Wie es für Landwirtschaft und Regierung beinahe typisch ist, arbeitete Taylor zunächst als Anwalt für *Monsanto*, erstellte dann die politischen Richtlinien für die amerikanische Arzneimittelbehörde *FDA*, wurde dann zum Vizepräsidenten von *Monsanto* ernannt, arbeitete als Lobbyist für die Firma und wurde danach von Obama zum „Zaren" für die Lebensmittelsicherheit in den USA ernannt.

Doch damit war *CropLife America*, zu dessen Mitgliedern solche Bastionen unternehmerischer Tugend wie *Monsanto, Syngenta, DuPont* und *Dow* gehören, noch immer nicht zufrieden. In einer Art politischem Versöhnungssex ernannte der Präsident danach noch Islam A. Siddiqui, den Vizepräsidenten von *CropLife America*, zum Hauptverhandlungsführer des Staates in Fragen der Landwirtschaft. Siddiqui ist nicht gerade das, was man einen Helden der grünen Bewegung nennen könnte. Er sieht es auch nicht als seinen Auftrag an, zukünftige Generationen oder die Biodiversität unseres Planeten zu schützen. Als er die staatlichen Standards für Bio-Siegel festlegte, hatte er die clevere Idee, das Bio-Siegel selbst an bestrahlte oder genmanipulierte Nahrungsmittel zu vergeben.

---

* In dieser 2009 neu geschaffenen Funktion innerhalb der *Food and Drug Administration* (der dem Gesundheitsministerium unterstellten Behörde für die Lebensmittelüberwachung und die Arzneimittelzulassung) ist er für die Sicherheit von Lebensmitteln, die Planung der entsprechenden Gesetzgebung und die Lebensmittelkennzeichnung zuständig. Anm. d. dt. Hrsg.

Um ehrlich zu sein: Genau solche Dinge ärgern mich. Es gefällt mir nicht, dass die Ernährungspolitik unseres Landes in den Händen von Marketingstrategen der industriellen Landwirtschaft und agrochemischen Unternehmen wie *Monsanto* liegt. Pestizide in der Nahrungskette und in unserer Umwelt, das weiß man längst, können Krebs, Missbildungen, Autismus und viele andere Krankheiten verursachen. Die gesundheitlichen Auswirkungen gentechnisch veränderter Nahrungsmittel sind weithin unbekannt, weil sie nie hinreichend untersucht wurden. Was man allerdings weiß, erzeugt eher Angst als Vertrauen. Eine Ernährungsweise, die hauptsächlich auf industriell erzeugten Nahrungsmitteln basiert, ist ursächlich für die steigende Rate von Herzkrankheiten, Fettleibigkeit, Diabetes und Krebs. Agroindustrielle Unternehmen tragen maßgeblich zur globalen Erwärmung, zur Abholzung der Wälder und zur Ausrottung der Arten bei.

Wäre es denn wirklich so schlimm, wenn wir statt der üblichen industriellen Landwirtschaft eine nachhaltige, regionale Landwirtschaft förderten, um die Wirtschaft in den ländlichen Gebieten zu stärken, die uns mehr gesunde Nahrungsmittel ermöglicht? Wäre es wirklich so schrecklich, wenn wir kleine Familienbetriebe förderten statt der Massentierhaltung?

Aus der Massentierhaltung, die man in Amerika auch „geschlossene Tierfütterungsoperation" nennt, stammt mittlerweile alles Rind-, Schweine- und Hühnerfleisch, sämtliche Milchprodukte und Eier Amerikas. Diese Vormachtstellung verdankt sie allerdings weder einer schlauen Planung oder ihrer Effizienz noch den Kräften des Marktes. Die industrielle Fleischproduktion beherrscht den Markt, weil die Bundesgesetzgebung bei der Landwirtschaft den Steuerzahlern und Kommunen Milliarden Dollar Umwelt-, Gesundheits- und wirtschaftliche Kosten aufbürdet. Beispielsweise ersparen die mit Steuergeldern subventionierten niedrigen Getreidepreise bei der (in Europa nicht üblichen) Intensivfütterung pro Jahr Milliarden Dollar bei der Tiernahrung, während den Farmern, die ihre Rinder weiden lassen, diese Subventionen nichts nützen. Das Landwirtschaftsministerium der Vereinigten Staaten von Amerika gibt zudem weitere Milliarden unserer Dollars aus, um von der industriellen Landwirtschaft verursachte Umweltprobleme zu lösen – die es überhaupt nicht gäbe, wenn man nicht Tausende von Rindern auf engstem Raum zusammenpferchte. Das verursacht nicht nur den betroffenen Tieren großes Leid, sondern führt auch zu einer massiven Verschmutzung der Umwelt und gut bezeugten gesundheitlichen Risiken für den Verbraucher.

Was wäre wohl, wenn unsere Nahrungs- und Landwirtschaftspolitik versuchte, umweltfreundlich, gesund und für den ländlichen Raum von Nutzen zu sein, anstatt vor der Agroindustrie zu buckeln? Was wäre, wenn die Massentierhaltung, nicht der Steuerzahler, für die Kosten der Entsorgung und Prävention der Umweltbelastung aufkommen müsste? Was wäre, wenn wir unsere Subventionen der gesunden, nicht der ungesunden Nahrungsmittelproduktion zuteilen?

Die gesundheitlichen Folgen der derzeitigen Politik könnten im Buch der Rekorde stehen. Die USA ist die Nation mit den meisten fettleibigen Menschen in der gesamten Geschichte der Menschheit. Und mit jedem Jahr werden wir noch dicker. Bereits 1996 hatten die USA die höchste Fettleibigkeitsrate der Welt, dennoch betrug sie in keinem Bundesstaat über 20 Prozent. Im Jahre 2011 gab es keinen Staat in Amerika, in dem sie noch unter 20 Prozent lag.

Die Ausgaben der USA für das Gesundheitswesen übertreffen die jeden anderen Staates, es gibt nicht einmal einen, der nahe heranreicht. Pro Kopf verbrauchen wir praktisch das Doppelte dessen, was die anderen Staaten mit den höchsten Gesundheitskosten (Deutschland, Kanada, Dänemark und Frankreich) ausgeben.

Die durchschnittliche amerikanische Familie zahlt jährlich mehr für die Krankenversicherung, als jemand verdient, der in Vollzeit zum Mindestlohn arbeitet. Alle dreißig Sekunden meldet in den USA jemand Insolvenz an, weil ihn die Kosten einer Krankheitsbehandlung ruiniert haben.

Die Gesundheitskosten sind derart außer Kontrolle geraten, dass nicht nur Einzelpersonen oder Familien, sondern die ganze Wirtschaft unter dieser Last ächzt. Howard Schultz, der Aufsichtsratsvorsitzende von *Starbucks*, erklärte, sein Unternehmen gebe mehr Geld für die Krankenversicherung seiner Angestellten als für Kaffee aus.

Und an dieser Situation ändert sich nichts. 2011 ergab eine Untersuchung, dass die Gesundheitskosten einer typischen vierköpfigen amerikanischen Familie sich innerhalb der letzten neun Jahre verdoppelt hatten.

Wenn Sie die erhitzte Debatte um die amerikanische Gesundheitsreform mitverfolgen, werden Sie feststellen, dass eine wichtige Tatsache dabei kaum zur Sprache kommt: dasjenige nämlich, was die Gesundheitskosten drastisch verringern und dabei die Gesundheit der Menschen verbessern könnte. Untersuchungen haben gezeigt, dass der wirksamste Schritt, den Menschen unternehmen können, um gesünder zu werden, eine gesündere Ernährungsweise ist. Die Zentren für Krankheitsprävention (*Centers for Disease Control und Prevention*, CDC) gehen davon aus, dass 75 Prozent aller Kosten im Gesundheitswesen auf die Behandlung chronischer Erkrankungen entfallen, von denen die meisten durch gesundes Essen verhindert werden könnten; darunter Herzerkrankungen, Schlaganfälle, Typ-2-Diabetes und vermutlich ein Drittel aller Krebserkrankungen.

Liegt das denn nicht in der Verantwortung jedes Einzelnen?, könnte man sich fragen. Suchen sich denn die Leute nicht selbst aus, was sie essen? Das ist richtig, und es ist wichtig. Jeder von uns ist selbst für die Nahrungsmittel verantwortlich, die wir kaufen und zu uns nehmen. Die Regierung kann niemandem diktieren, was er essen soll. Und doch ist das nur die halbe Wahrheit. Wir müssen auch den Einfluss begrenzen, den die Unternehmen auf die Politik der Regierung nehmen. Nur allzu oft benutzen sie diesen Einfluss für ihre kurzfristigen Interessen und um Gesetze abzuschwächen oder abzuschaffen, die Arbeitnehmer, Tiere, die Umwelt oder die Verbraucher schützen. Das sind im Übrigen dieselben Unternehmer, die sich häufig über die Einmischung der Regierung beklagen und selten davor zurückschrecken, Subventionen und Steuergelder einzustreichen.

Heute geben die Amerikaner einen geringeren Anteil ihres Einkommens für Nahrungsmittel aus als je ein Volk in der Geschichte der

Menschheit, sie benötigen auch die geringste Zubereitungszeit. Wir halten das für einen wünschenswerten Fortschritt. Und doch wissen nur die wenigsten, dass es insbesondere ungesunde Nahrungsmittel sind, etwa Fleisch aus der Intensivfütterung, Limonaden und industriell verarbeitete Lebensmittel mit zusätzlichen Süßstoffen und Fetten, die uns so wenig kosten. Seit Jahren steigen die Preise für frisches Obst und Gemüse kontinuierlich. Gerade die ungesündesten Lebensmittel sind überall und günstig erhältlich, weil unsere Lebensmittelpolitik immer sie, und nicht die gesunde Nahrung, subventioniert hat.

Was aber – so sollten wir uns fragen – sind die wirklichen Kosten dieses nur scheinbar so billigen Fastfoods? Das landwirtschaftliche System, das es erzeugt, zerstört die dörflichen Gemeinschaften, verschmutzt unser Wasser, vernichtet unseren Mutterboden, verursacht den Tieren unermessliches Leid, produziert ungeheure Mengen von Treibhausgasen und vergiftet uns durch Nahrungsmittelstress. Die dem US-amerikanischen Gesundheitsministerium unterstellte Behörde *CDC* (*Centers for Disease Control and Prevention*) schätzt, dass mehr als eines von vier Kindern, die heute in den USA zur Welt kommen, aufgrund seiner Ernährungsweise im späteren Leben an Diabetes erkranken wird. Für unser nur scheinbar billiges Essen zahlen wir also einen schrecklichen Preis.

Fastfood-Erzeuger und andere Befürworter der industriellen Nahrungsmittelproduktion und der Massentierhaltung erklären, sie reagierten nur auf die Bedürfnisse des Marktes. Ihre Produkte seien voller Zucker und ungesunder Fette, weil die Verbraucher das so wollten. Es könne doch nicht die Aufgabe der Industrie sein, die Menschen zu erziehen.

Tatsächlich aber prägt die Maschinerie der industriellen Lebensmittelproduktion mit Unterstützung ihrer Verbündeten in der Regierung schon seit vielen Jahren die Ernährungsgewohnheiten – durch die Art und Weise, wie sie Nahrungsmittel produziert, verpackt und vermarktet. Unternehmen wie *Coca-Cola, PepsiCo, Kraft Foods* und *McDonald's* geben jedes Jahr Milliarden Dollar aus, um Junkfood für junge Menschen attraktiv zu machen. Aggressiv bekämpfen sie jeden

Versuch von Gesundheitsexperten, ihr Recht einzuschränken, mit ihrer Werbung für Fastfood, gezuckerte Cerealien, Softdrinks, Hotdogs, Süßigkeiten und andere nährstoffarme Produkte auf junge Leute zu zielen.

2011 beantragte der kalifornische Abgeordnete Bill Monning eine Abgabe von einem Cent pro Unze Flüssigkeit auf Getränke mit einem erheblichen Zusatz von Süßstoffen, wie zum Beispiel Limonade. Das Gesetz hätte jährlich 1,7 Milliarden Dollar in die Staatskasse gespült; damit hätte man frisches Obst und Gemüse so weit verbilligen können, dass auch Familien mit niedrigem Einkommen es sich hätten leisten können. Es ist keine Überraschung, dass *Coca-Cola* und *PepsiCo* alles unternahmen, um das Gesetz zu kippen. Ihre Sprecher bezeichneten den Versuch als das typische Verhalten von „Gutmenschen", die die Gesellschaft erziehen wollten.

Vergleichbare Angriffe erfuhren die Versuche, Weißbrot zu besteuern und die Einnahmen zur Preissenkung bei Vollkornbrot zu verwenden, Pestizide zu versteuern und die Erlöse in die Bio-Landwirtschaft zu stecken, und bei einer Steuer auf Fastfood, um die Preise für nährreiche Lebensmittel zu senken.

Wie lässt sich dieser Kreislauf durchbrechen? Wie können wir aus unserer kulturellen Ohnmacht erwachen und die politische Feigheit überwinden, die dem industriellen Fastfood und der Massentierhaltung so viel Kontrolle über die nationale und die einzelstaatliche Nahrungsmittelpolitik erlaubt – und damit über das, was wir alle essen? Wie kommen wir an nährstoffreiche, bezahlbare und nachhaltig erzeugte Lebensmittel? Darum geht es in den einzelnen Kapiteln dieses Buchs. In jedem Kapitel beschreibe ich die Schritte, die Sie auf ein gesünderes, menschlicheres und umweltfreundlicheres Leben und Kochen hin unternehmen können.

Letzter Ausweg vegan enthält meine am häufigsten kommentierten und diskutierten Blog-Einträge und wichtige neue Informationen. Die Artikel handeln von den Ursachen der Fettleibigkeit, davon, ob Soja gesund oder gefährlich ist, von der Diskussion um die sogenannte Weidefütterung von Rindern, von Fastfood-Marketing für Kinder, davon, warum immer mehr Nahrungsmittel giftig sind, und von den politischen und gesundheitlichen Folgen von Schokolade und Kaffee, den Gefahren und nicht erfüllten Verheißungen der genmanipulierten Nahrung und der Wirkung von Umwelthormonen bei Kindern (und was diese mit tierischer Nahrung zu tun hat). Sie finden zudem einen Abschnitt darüber, wie Sie sich gegenüber Menschen verhalten können, deren Ernährungsgewohnheiten ihrer Gesundheit schaden.

Ich würde mich freuen, wenn Ihnen dieses Buch gefiele und wenn Sie darin wichtige Anregungen für ein gesünderes Leben fänden. Ich bin fest davon überzeugt, dass wir die Kontrolle, die Unternehmen wie *Monsanto* über unsere Lebensmittelherstellung haben, durchbrechen können und unsere Landwirtschaftspolitik wieder am Allgemeinwohl der Menschen und der Erde orientieren können. Ich bin fest davon überzeugt, dass das in der Verfassung der Vereinigten Staaten genannte „Allgemeinwohl" wichtiger ist als jeder kurzfristige Erfolg von Unternehmen, deren Produkte in Hinsicht auf ihren Nährwert und für die Umwelt katastrophal sind.

Ich glaube ganz fest, dass wir das Steuer noch herumreißen können. Würden immer mehr Amerikaner sich nicht mehr vollstopfen, keine ungesunde Nahrung mehr und stattdessen Lebensmittel mit hoher Nährstoffdichte und krebshemmenden Inhaltsstoffen essen, dann hätten wir ein kostengünstigeres, nachhaltigeres und effektiveres Gesundheitswesen. Wir wären weniger von Versicherungen und Ärzten abhängig – sondern von unseren eigenen gesundheitlichen Entscheidungen.

Wir können uns als Einzelpersonen, als Familien und als Gesellschaft dafür entscheiden, gesünder zu leben. Wir können Biomärkte und -läden unterstützen und Restaurants, die ökologisch angebaute regionale Produkte verwenden. Wir können das Recht der Junkfood-Hersteller einschränken, unsere Kinder mit Werbung zu bombardieren, die in ihnen den Wunsch weckt, ungesundes Essen in sich hineinzustopfen.

Wir können es der Massentierhaltung verbieten, antibiotikaresistente Bakterien zu züchten, indem wir den uneingeschränkten Einsatz von Antibiotika in der Viehzucht untersagen. Wir können die Massentierhaltung dazu verpflichten, ihren eigenen Abfall zu entsorgen und die Tiere, die uns Fleisch, Milch und Eier liefern, mit einem Mindestmaß an Anstand und Respekt zu behandeln. Natürlich würde Fleisch dadurch teurer, und einige würden weniger davon essen. Das wäre gut, weil es die Gesundheit der Verbraucher, des Viehs und des Landes förderte.

Wenn man schon die Landwirtschaft subventioniert, warum dann nicht gesunde Nahrungsmittel wie Gemüse, Obst, Nüsse und Vollkorn, statt Maissirup mit hohem Fruktosegehalt und Viehnahrung aus gentechnisch verändertem Soja und Mais? Wenn wir schon die Landwirtschaft subventionieren, warum nicht die kleinen Familienbetriebe, die sich ihrem Land verpflichtet fühlen, die Hüter der Erde sind, anstelle der industriellen Farmen, die den Erdboden nur als weiteres Wirtschaftsgut betrachten, das ausgebeutet werden kann?

Trotz aller Anstrengungen von *Monsanto* und seinen Verbündeten sind biologisch erzeugte Nahrungsmittel bereits jetzt das am schnellsten wachsende und profitabelste Marktsegment der amerikanischen Landwirtschaft. Die Zahl der Bauernmärkte hat sich in den vergangenen acht Jahren in den USA mehr als verdoppelt. Trotz des Drucks von *Coca-Cola* und *PepsiCo* haben mittlerweile viele Schulbehörden im ganzen Land Softdrinks und Junkfood aus unseren Schulen verbannt. Trotz aller Widerstände der Fleischindustrie und der Farmbüros (Zusammenschlüsse unabhängiger Landwirte) erlassen immer mehr Bundesstaaten Gesetze zum Tierschutz. Obwohl unzählige Milliarden für das Marketing von Fast- und Junkfood ausgegeben werden, entscheidet sich eine immer größere Zahl von Menschen dafür, nur regional erzeugte, biologische und vollwertige Nahrungsmittel zu essen.

Ich will mit meinen Büchern all jene unterstützen, die sich für ein gesünderes Leben und eine gesündere Welt einsetzen. Ich schreibe, um uns alle zu unterstützen, die wir wollen, dass die Unternehmen, die unsere Nahrungsmittel erzeugen, auch für deren Folgen für die Erde, unsere Gesundheit und unsere Zukunft verantwortlich gemacht werden.

Sie sollten die Wahrheit kennen über das, was Sie essen, wie es erzeugt wird und wie es sich auf Ihr Leben und die ganze Welt auswirkt. Je mehr Sie wissen, desto sinnvoller und wirksamer können Sie handeln. Je mehr Sie wissen, desto besser können Sie Ihre Ernährungsweise Ihren Zwecken und Ihrem Geschmack anpassen. Ihr Geist klärt sich, Ihr Herz findet Ruhe und Frieden. Ihr Körper wird es Ihnen für den Rest Ihres Lebens danken.

Erster Teil

Allen Lebewesen mit Mitgefühl begegnen

1

Die Metamorphose eines Schweinezüchters

Diese Geschichte, die ich erstmals in Food Revolution* *veröffentlichte, hat so viele begeistert, dass dieses Buch eine aktualisierte Version enthält.*

Vor vielen Jahren traf ich in Iowa einen Mann, der mir, ehrlich gesagt, auf Anhieb nicht besonders sympathisch war. Er besaß und führte einen, wie er es nannte, „Betrieb für Schweinefleischproduktion". Ich hätte es eher als „Hölle für Schweine" bezeichnet.

Die Bedingungen waren brutal. Die Schweine wurden in Käfigen gehalten, die kaum größer als ihr Körper waren, und diese Käfige waren in drei Reihen übereinandergestapelt. Ihre Seiten und Böden bestanden aus Stahlstreben, sodass die Exkremente der oberen und mittleren Tiere durch die Öffnungen auf die Tiere darunter fielen.

Der Besitzer dieses Albtraums wog, da bin ich mir sicher, mindestens 120 Kilogramm. Noch beeindruckender fand ich jedoch, dass er aus Beton zu sein schien. Seine Bewegungen waren von einer Eleganz, die sich nur unwesentlich von der einer Mauer unterschied.

Was ihn noch unattraktiver machte, war seine Sprache. Sie bestand vornehmlich aus Grunzlauten, die in meinen Ohren alle sehr ähnlich und gewiss nicht angenehm klangen. Als ich sah, wie er sich bewegte, und sein Erscheinungsbild eine Weile auf mich wirken ließ, dachte ich

---

* John Robbins: *Food Revolution.* Hans-Nietsch-Verlag, Freiburg 2003, Seite 175 ff.

mir, dass seine Probleme wohl kaum daher rührten, dass er es an diesem Morgen nicht geschafft hatte, seine Yoga-Übungen zu machen. Ich hielt mich mit meiner Meinung über ihn und seinen Betrieb jedoch zurück, da ich verdeckt ermittelte. Ich wollte möglichst viel über die moderne Fleischproduktion in Erfahrung bringen, indem ich Schlachthäuser und Massentierhaltungsbetriebe aufsuchte. Natürlich hatte ich keinen verräterischen Aufkleber auf meinem Auto, und meine Frisur und meine Kleidung gaben keinen Hinweis darauf, dass ich vielleicht eine andere philosophische Neigung hatte, als es in der Gegend üblich war. Dem Farmer sagte ich wahrheitsgemäß, ich sei ein Forscher, der über Tierzucht schreibe, und bat ihn um ein paar Minuten seiner Zeit. Als Antwort grunzte er einige Wörter, die ich akustisch nicht verstand, die aber wohl besagten, dass ich ihm ein paar Fragen stellen durfte und er mich herumführen würde.

In dieser Situation fühlte ich mich nicht gerade wohl. Und das wurde auch nicht besser, als wir einen der Schweineställe betraten. Mein Unwohlsein vergrößerte sich sogar noch, denn der Gestank, der mir entgegenschlug, war kaum auszuhalten. Der Raum stank penetrant nach Ammoniak, Schwefelwasserstoff und anderen giftigen Gasen aus den Tierexkrementen, die viel zu lange im Gebäude angehäuft worden waren.

So ekelerregend der Geruch für mich auch war – ich fragte mich, wie das wohl für die Tiere sein musste. Schweine und Hunde besitzen in ihrer Nase 200-mal mehr Riechzellen als wir Menschen. In einer natürlichen Umgebung vermögen sie beim Wühlen fressbare Wurzeln auch dann noch zu riechen, wenn diese tief in der Erde stecken. Sofern sie nur die Möglichkeit dazu haben, würden Schweine ihren Platz niemals beschmutzen, denn in Wirklichkeit sind es sehr saubere Tiere. Ihren schlechten Ruf haben sie zu unrecht. Hier jedoch waren ihre Nasen von dem permanenten Gestank nach Urin und Fäkalien geplagt. Ich befand mich nur einige Minuten in diesem Gebäude, doch ich sehnte mich verzweifelt nach frischer Luft. Für die Schweine gab es aber kein Entkommen. Sie waren kaum in der Lage, einen einzigen Schritt zu machen. Sie waren gezwungen, diesen Gestank in fast völliger Bewegungslosigkeit zu ertragen. So mussten sie 24 Stunden am Tag und sieben Tage in der Woche leben. Nicht einmal zwischendurch durften sie frische Luft schnuppern oder sich angemessen bewegen.

Der Besitzer dieser Anlage – so viel gestehe ich ihm zu – war so freundlich, all meine Fragen zu beantworten. Diese drehten sich in der Hauptsache darum, welche Medikamente er einsetze, um das afrikanische Schweinefieber, Cholera, Trichinose und andere bei Schweinen häufig vorkommende Krankheiten zu behandeln. Allerdings konnte ich mich weder für ihn noch für seine „Farm" erwärmen. Vor allem in dem Moment nicht, als er gegen einen Käfig trat, weil das Schwein darin zuvor aufgeheult hatte; so brachte er noch mehr Schweine zum Schreien.

Es fiel mir immer schwerer, mein Unwohlsein zu verbergen. Kurz kam mir der Gedanke, ihm zu sagen, was ich von den Bedingungen hielt, unter denen seine Schweine leben mussten. Doch ich besann mich eines Besseren. Vor mir stand ganz offensichtlich ein Mann, mit dem man nicht diskutieren konnte.

Nach ungefähr 15 Minuten hatte ich genug und war bereit zu gehen. Ich hatte das Gefühl, dass auch er froh war, mich gleich los zu sein. Dann passierte etwas, das mein Leben für immer verändern sollte – und auch seines. Es begann damit, dass seine Ehefrau hereinkam und mich freundlich einlud, zum Abendessen zu bleiben.

Der Farmer zog eine Grimasse, während seine Frau mit mir sprach. Dann drehte er sich pflichtbewusst zu mir um und sagte: „Die Frau möchte, dass Sie zum Abendessen bleiben." Übrigens nannte er sie immer „die Frau".

Ich weiß nicht, ob Sie jemals etwas getan haben, ohne genau zu wissen, warum. Ich kann Ihnen auch nicht sagen, warum ich sagte: „Ja, ich würde mich sehr freuen." Ich blieb zum Abendessen, obwohl ich kein Schweinefleisch aß. Ich erklärte einfach, mein Arzt sei sehr besorgt über meinen hohen Cholesterinspiegel. Ich erwähnte weder, dass ich Vegetarier bin, noch dass mein Cholesterinspiegel bei 125 liegt.

Ich bemühte mich, ein höflicher und angenehmer Gast zu sein.

Ich vermied alle Themen, die zu einer Auseinandersetzung hätten führen können.

Meine Gastgeber (und ihre zwei Söhne, die mit am Tisch saßen) waren sehr freundlich. Sie gaben mir zu essen, und ich merkte plötzlich, dass sie trotz allem auf ihre Art doch sehr anständige Menschen waren. Ich fragte mich, ob ich sie wohl zum Abendessen eingeladen hätte, wenn sie als Reisende in meine Stadt gekommen wären. Wahrscheinlich nicht ... ganz sicher nicht. Doch jetzt saßen sie vor mir und waren überaus gastfreundlich. Ich wusste natürlich, dass wir uns schnell in einem unlösbaren Konflikt wiederfinden könnten. Sosehr ich auch die Art und Weise verachtete, wie dieser Mann seine Schweine behandelte, so war er dennoch keine Reinkarnation von Adolf Hitler. Zumindest nicht am Esstisch.

Wir sprachen über das Wetter und über Baseball, den Lieblingssport ihrer beiden Söhne. Und natürlich sprachen wir darüber, wie das Wetter die anstehenden Baseballspiele beeinflussen könnte. Es gelang uns recht gut, das Gespräch möglichst oberflächlich zu halten und einen weiten Bogen um alle Themen zu machen, die einen Konflikt hätten heraufbeschwören können. Das dachte ich zumindest. Plötzlich und für mich völlig überraschend zeigte der Mann mit dem Finger auf mich und sagte mit äußerst bedrohlicher Stimme: „Manchmal wünsche ich mir, dass ihr Tierschützer einfach tot umfallen würdet."

Ich werde wohl niemals erfahren, woher er wusste, dass ich mit dem Tierschutz verbunden bin. Ich hatte mein Bestes gegeben, nichts zu erwähnen, was diesen Eindruck hätte erwecken können. Allerdings erinnere ich mich noch immer sehr gut daran, wie sich mir bei seinen Worten sofort der Hals zuschnürte. Es kam noch schlimmer. Seine beiden Söhne sprangen in diesem Moment vom Tisch auf, verließen den Raum, knallten die Tür hinter sich zu und stellten den Fernseher laut. Wahrscheinlich wollten sie nicht hören, was nun folgen sollte. Seine Frau räumte das Geschirr ab und schlich in die Küche. Als ich sah, wie sie die Tür hinter sich schloss, und hörte, wie sie sich nun an das Geschirrspülen machte, wurde mir fast schlecht. Sie hatten mich mit ihm allein gelassen.

Um ganz ehrlich zu sein, ich hatte Todesangst. Ein falscher Schritt hätte leicht katastrophale Folgen haben können. Ich versuchte, wieder Kontrolle über meinen Körper zu bekommen, indem ich mich auf meinen Atem konzentrierte. Das funktionierte jedoch aus einem sehr einfachen Grund nicht: Mir stockte in diesem Moment der Atem.

„Was sagen die denn, was Sie so sehr verärgert?", fragte ich schließlich. Dabei sprach ich sehr vorsichtig und besonnen, jedoch sehr darauf bedacht, meine Angst zu verbergen. Ich versuchte, mich ein wenig von der Tierschutzbewegung zu distanzieren, da ich offensichtlich keinen großen Sympathisanten vor mir hatte.

Er stammelte: „Sie werfen mir vor, dass ich meine Tiere misshandle."

„Wie können die so etwas behaupten?", fragte ich, wohlwissend, warum solche Vorwürfe an ihn herangetragen wurden. In diesem Augenblick ging es mir jedoch nur darum, aus dieser Situation wieder heil herauszukommen.

Sehr zu meiner Überraschung war seine Antwort zwar ärgerlich, aber gut formuliert. Er teilte mir ganz genau mit, was Tierschutzgruppen zu Betrieben wie dem seinen sagen. Er erklärte mir eingehend, was sie gegen seine Art des Umgangs mit den Tieren einzuwenden haben. Dann ließ er mich wissen, wie sehr er es hasse, als grausam bezeichnet zu werden. Die Tierschützer sollten sich doch gefälligst um ihre eigenen Angelegenheiten kümmern.

Während ich ihm zuhörte, begann ich mich wieder etwas zu entspannen. Mir wurde klar, und darüber war ich sehr glücklich, dass er mir nichts Böses wollte und nur Luft ablassen musste. Ein Teil seiner Frustration rührte daher, dass er sich selbst nicht ganz wohl dabei fühlte, wie er mit den Tieren umging – dass er sie etwa in so kleinen Käfigen hielt, ihnen so viele Medikamente gab und die Ferkel kurz nach der Geburt von der Mutter trennte. Er sah einfach keine andere Möglichkeit. Machte er es anders, hätte er wirtschaftliche Nachteile und ginge im Wettbewerb unter. So mache man das eben heute, sagte er, und so müsse er es eben auch machen. Ihm gefalle das nicht. Doch noch weniger gefalle ihm, für das angeklagt zu werden, was er tun müsse, um seine Familie zu ernähren.

Zufällig war ich gerade eine Woche zuvor in einem noch viel größeren Schweinemastbetrieb gewesen. Dort hatte ich erfahren, dass die Schweinemast immer stärker mechanisiert werden solle, damit die kleinen Züchter nicht mehr mithalten könnten. Was man mir dort gesagt hatte, bestätigte all das, was ich nun von ihm hörte. Und ich begann allmählich, das Dilemma zu verstehen, in dem sich dieser Mann sah. Ich befand mich in seinem Haus, weil seine Frau und er mich eingeladen hatten. Ich brauchte mich nur umzuschauen, um zu begreifen, dass sie hart ums Überleben kämpfen mussten. Die Einrichtung war spartanisch. Materiell schien es dieser Familie äußerst schlecht zu gehen.

Dieser Mann sah in der Schweinezucht die einzige Möglichkeit, für sich und seine Familie den Lebensunterhalt zu verdienen. Also züchtete er Schweine, obwohl er die Art, wie das zu geschehen hatte, stark missbilligte. Immer wieder beteuerte er, wie sehr er die Methoden der modernen Massentierhaltung verabscheue. In diesen Momenten erinnerte er mich an die Tierschützer, von denen er sich manchmal wünschte, sie würden tot umfallen.

Im Laufe unseres Gesprächs wuchs meine Achtung vor diesem Mann, den ich noch vor wenigen Stunden innerlich aufs Schärfste verurteilt hatte. Er besaß viel Anstand. Und er wünschte sich sehr, dass sich die Bedingungen in der Tiermast irgendwie verbesserten. Je mehr ich jedoch das Gute in ihm zu sehen begann, umso mehr fragte ich mich, wie er seine Schweine nur auf diese Weise behandeln konnte. Ich ahnte noch nicht, dass ich es schon bald herausfinden sollte ...

Während wir uns weiter unterhielten, sah er plötzlich todunglücklich aus. Er beugte sich nach vorn und hielt seine Hände vors Gesicht. Er sah aus wie ein gebrochener Mann. Ich dachte, dass gerade etwas ganz Schlimmes passierte: Hatte er etwa einen Herzinfarkt? Einen Schlaganfall? Es fiel mir schwer, zu atmen und klar zu denken.

„Was ist los?", frage ich ihn.

Es dauerte eine Weile, bis er antwortete. Ich war erleichtert, als ich ihn wieder etwas sagen hörte, obwohl das, was er sagte, kaum zur Klärung der Situation beitrug.

„Es ist nicht so schlimm", sagte er, „und ich möchte nicht darüber sprechen." Dabei machte er eine Handbewegung, als wollte er etwas von sich wegschieben.

Während der folgenden Minuten setzten wir unsere Unterhaltung fort, aber ich fühlte mich äußerst unwohl und verwirrt. Irgendetwas Dunkles, Schweres lag in der Luft. Ich wusste weder, was es war, noch, wie ich damit umgehen sollte.

Während wir sprachen, wiederholte sich diese Situation. Wieder wirkte er zutiefst niedergeschlagen und von seinen Gefühlen überwältigt. Ich saß da, und es fiel mir schwer, seinen Zustand mit anzusehen. Ich spürte förmlich, wie er litt. Ich bemühte mich, einfach präsent zu sein. Ich vermochte kaum noch zu atmen. Auf einmal blickte er zu mir auf, und ich merkte, dass seine Augen feucht waren.

„Sie haben recht", sagte er.

Normalerweise mag ich es, wenn man mir sagt, dass ich recht habe. In diesem Moment hatte ich aber nicht die geringste Ahnung, wovon er sprach.

Er fuhr fort: „Kein Tier sollte so behandelt werden. Und Schweine erst recht nicht. Wussten Sie, dass Schweine sehr intelligente Tiere sind? Sie sind sogar freundlich, wenn man sie richtig behandelt. Ich tue das nicht."

Seine Augen füllten sich mit Tränen. Er erzählte mir, dass er sich gerade an ein Erlebnis aus seiner Kindheit erinnert habe, das er für viele Jahre verdrängt habe. Allmählich wurde diese Erinnerung immer deutlicher. Er ließ mich wissen, dass er auf einer kleinen Farm im ländlichen Missouri aufgewachsen sei.

Sein Zuhause sei eine altmodische Farm gewesen, auf der die Tiere frei umherliefen. Es habe Weiden und Wiesen gegeben, und alle Tiere hätten Namen gehabt. Er sei das einzige Kind seiner Eltern gewesen. Sein Vater sei sehr dominant gewesen. Er habe sich als Kind oft einsam gefühlt, weil er keine Geschwister gehabt habe. Nur unter den Tieren der Farm habe er Gesellschaft gefunden, insbesondere mit einigen Hunden habe er sich angefreundet. Zu meiner großen Überraschung erzählte er mir davon, dass er auch ein Schwein als Haustier gehabt habe.

Während er von diesem Schwein sprach, wirkte er wie ein ganz anderer Mensch. Zuvor hatte er mit einer sehr monotonen Stimme erzählt. Doch plötzlich wurde seine Stimme lebendig. Seine Körpersprache, die bis dahin eher bemitleidenswert wirkte, erschien mir auf einmal frisch und munter. Er erzählte, wie er im Sommer in der Scheune geschlafen habe. Dort sei es kühler gewesen als im Haus. Sein Hausschwein habe neben ihm gelegen, und er habe ihm den Bauch gestreichelt.

Auf der Farm habe es einen kleinen See gegeben, in dem er gern gebadet habe, wenn es heiß war. Doch einmal sei einer der Hunde ihm dabei immer wieder auf den Rücken gesprungen und habe ihn daran gehindert, schwimmen zu lernen. Da sei sein Hausschwein dazugekommen und habe bewiesen, dass es die Situation genau verstanden habe.

Das Schwein sei ebenfalls ins Wasser gesprungen und ihm zu Hilfe geeilt: Es habe sich zwischen ihn und den Hund begeben. Immer wenn der Hund ihn aufs Neue anspringen wollte, habe ihn das Schwein zurückgehalten.

Ich saß also da und hörte zu, wie mir der Schweinezüchter von seinem früheren Hausschwein erzählte. Wir erfreuten uns gemeinsam an dieser Geschichte und waren erstaunt, welche Wendung unser Gespräch genommen hatte. Doch dann verdunkelte sich seine Miene erneut und zeigte tiefe Niedergeschlagenheit. Wiederum spürte ich, wie traurig er sich fühlte. Ich merkte, wie er gegen Angst und Schmerz ankämpfte. Doch ich wusste nicht genau, was in ihm vorging oder wie ich ihm helfen könnte.

„Was ist mit dem Schwein geschehen?", fragte ich ihn.

Er seufzte, und mir schien es, als liege das Leiden der ganzen Welt in diesem Seufzer. Dann sagte er mit leiser Stimme: „Mein Vater wollte mich zwingen, es zu schlachten."

„Haben Sie es getan?", fragte ich.

„Ich lief weg, konnte mich aber nicht verstecken. Sie fanden mich."

„Was passierte dann?"

„Mein Vater stellte mich vor die Wahl."

„Welche?"

„Er sagte zu mir: ‚Entweder schlachtest du dieses Tier oder du bist nicht länger mein Sohn.'"

Was für eine Entscheidung, dachte ich bei mir. Es kommt so häufig vor, dass Väter ihren Söhnen beibringen, keine Gefühle zu zeigen und stark und mutig zu sein. Und allzu oft erziehen sie ihre Söhne so zu Kaltblütigkeit und Herzlosigkeit.

„Also habe ich es getan", sagte er, während Tränen seine Wangen herabliefen. Ich sah, wie stark seine Gefühle waren. Noch vor wenigen Stunden war ich der festen Überzeugung gewesen, dass dieser Mann völlig gefühllos sei. Jetzt saß er vor mir, einem Fremden, und weinte. Dieser Mann, den ich als grausam und herzlos eingeschätzt hatte, war in Wirklichkeit ein Mensch, der zu tiefem Mitgefühl fähig war. Mein erster Eindruck war falsch, völlig falsch gewesen.

Einige Minuten später wurde mir klar, was hier geschah: Der Schweinezüchter hatte sich an etwas erinnert, das unerträglich schmerzhaft für ihn gewesen war. Also hatte er sich von dieser Erfahrung und den Gefühlen, die damit verbunden waren, distanziert. Er hatte sich verschlossen. Es war einfach zu leidvoll, als dass er sich damit weiter hätte beschäftigen können.

Er traf damals irgendwo in seiner jungen, noch formbaren Psyche die Entscheidung, dass er niemals wieder so sehr verletzt werden und niemals wieder so stark empfinden wollte. Er errichtete in seiner Psyche eine Mauer um dieses Erlebnis und den damit verbundenen Schmerz. Hinter dieser Mauer lagen seine Liebe und seine Zuneigung zu diesem Schwein. Hinter dieser Mauer lag sein Herz. Und nun, viele Jahre später, stand er vor mir als ein Mann, der davon lebte, dass er Schweine schlachtete. Noch immer, so dachte ich mir, befand er sich auf der Suche nach der Anerkennung seines Vaters. Es ist mitunter unglaublich, sagte ich zu mir selbst, was Männer tun, um die Anerkennung ihrer Väter zu bekommen.

Nun sah ich die Wahrheit. Seine Steifheit war kein Mangel an Gefühl, wie ich zuerst gedacht hatte, sondern das genaue Gegenteil. Sie zeigte an, wie empfindlich er unter der Oberfläche war. Wäre er nicht so empfindsam gewesen, dann hätte ihn das Erlebnis in seiner Kindheit auch nicht so sehr verletzt. Die Anspannung in seinem Körper, die mir sofort an ihm aufgefallen war, und seine „raue Schale" zeigten nur, wie tief er verletzt war und wie stark die Gefühle waren, die sich hinter dieser Fassade verbargen. Ich hatte ihn verurteilt. Ehrlich gesagt, hatte ich ihn gnadenlos verurteilt.

Doch für den Rest des Abends saßen wir zusammen, und ich war dankbar für jenen Teil in ihm, der stark genug war, ihm diese lange verdrängte und zutiefst schmerzhafte Erinnerung zu ermöglichen. Ebenso glücklich war ich darüber, dass ich nicht in meinen Vorurteilen stecken geblieben war. Denn sonst hätte ich ihm nicht den für die Erinnerung an sein traumatisches Kindheitserlebnis nötigen Raum geben können.

Wir verbrachten noch viele Stunden gemeinsam und sprachen über alle möglichen Dinge. Nach allem, was ich an diesem Abend über ihn erfahren hatte, machte ich mir große Sorgen um ihn. Die Diskrepanz zwischen seinen Gefühlen und seiner Lebensführung war gewaltig. Was sollte er tun? Die Schweinezucht war alles, was er gelernt hatte. Er hatte keinen Schulabschluss und konnte noch nicht einmal besonders gut lesen. Wer würde ihn anstellen, wenn er sich um einen anderen Job bemühte? Er war nicht mehr der Jüngste. Wer würde an ihn glauben und in ihn investieren?

Als es am späten Abend schließlich Zeit wurde aufzubrechen, gingen mir viele Fragen durch den Kopf. Ich hatte keine Antwort. Etwas gedankenlos hatte ich einen Witz gemacht. „Vielleicht könnten Sie Brokkoli oder so etwas anbauen." Er schaute mich an, als hätte er nicht die geringste Vorstellung davon, was ich meinte. Mir kam in den Sinn, dass er Brokkoli womöglich nicht kannte.

Wir schieden als Freunde. Obwohl wir uns nur selten sahen, sind wir über die Jahre hinweg Freunde geblieben. Ich schloss ihn in mein Herz und halte ihn in der Tat für einen Helden. So beeindruckt war ich von dem Mut, der es ihm ermöglichte, diese schmerzhafte Kindheitserinnerung zuzulassen, dass ich nicht erkannte, wie mutig er wirklich war. Sie werden es gleich erfahren.

In meinem Buch *Ernährung für ein neues Jahrtausend* habe ich ihn zitiert und zusammengefasst, was er mir an jenem Abend erzählte. Ich hielt meine Ausführungen kurz und verzichtete darauf, seinen Namen zu erwähnen. Ich dachte mir, dass es für ihn eher von Nachteil sein würde, mit mir in Verbindung gebracht zu werden, da viele seiner Nachbarn in Iowa ebenfalls Schweinezüchter sind.

Als das Buch erschien, schickte ich ihm ein Exemplar. Ich hoffte, er würde mit dem einverstanden sein, was ich über unseren gemeinsamen Abend geschrieben hatte. Ich nannte ihm die Seite, auf der es um unser Gespräch ging.

Einige Wochen später erhielt ich einen Brief von ihm. „Lieber Mister Robbins“, begann er, „vielen Dank für das Buch. Als ich es sah, bekam ich einen Migräneanfall.“

Als Autor will man natürlich einen Einfluss auf seine Leser ausüben. Doch nicht unbedingt so.

Er erklärte mir, dass die Kopfschmerzen so schlimm wurden, dass „die Frau“ ihm vorschlug, das Buch vielleicht doch zu lesen. Sie meinte, es könne eine Verbindung zwischen den Kopfschmerzen und dem Buch geben. Nach seiner Einschätzung hatte das aber überhaupt keinen Sinn. Dennoch las er das Buch, weil „die Frau“ mit diesen Dingen in der Vergangenheit häufig recht gehabt habe.

„Sie schreiben gut“, meinte er. Ich kann Ihnen sagen, dass mir diese drei Wörter mehr bedeuteten als das überschwängliche Lob, das mir die *New York Times* zuteilwerden ließ. Er fuhr fort, dass es für ihn sehr hart gewesen sei, das Buch zu lesen. Er erkenne immer mehr, dass es ihm nicht möglich sein werde, seinen Beruf weiter auszuüben. Seine Kopfschmerzen seien schließlich immer schlimmer geworden und hätten angehalten bis zu dem Morgen, an dem er das Buch zu Ende gelesen hatte. Er habe die ganze Nacht durchgelesen, sei ins Badezimmer gegangen und habe in den Spiegel gesehen. „Ich entschied also in diesem Moment, dass ich meine ganze Herde verkaufen und meinen Betrieb aufgeben würde. Ich weiß aber noch nicht, was ich jetzt machen werde. Vielleicht kann ich ja Brokkoli anbauen, wie Sie es vorgeschlagen haben.“

Er verkaufte schließlich seinen Betrieb in Iowa und zog nach Missouri zurück, wo er mit seiner Familie einen kleinen Hof kaufte. Er widmete sich nun dem biologischen Gemüseanbau – ich bin mir sicher, dass auch Brokkoli dabei war – und verkaufte seine Ware auf den Märkten in der Region. Er hielt noch immer Schweine, aber nur zehn, und diese lebten nicht in Käfigen. Er tötete sie noch nicht einmal. Stattdessen hatte er eine Vereinbarung mit den Schulen in seiner Region getroffen. Die Schulkinder machten Ausflüge zu seiner Farm und durften dort mit den Schweinen spielen. Er zeigte ihnen, wie intelligent Schweine sind und wie freundlich sie sein können, wenn man sie richtig behandelt. Jedes Kind hatte bei ihm die Möglichkeit, einem Schwein den Bauch zu streicheln. Er ernährte sich überwiegend vegetarisch. Er nahm stark ab, und sein Gesundheitszustand besserte sich enorm. Glücklicherweise ging es ihm auch finanziell mittlerweile deutlich besser als früher.

Wir schrieben uns danach noch regelmäßig. Vor wenigen Jahren erhielt ich die traurige Nachricht, dass er gestorben war.

Können Sie verstehen, warum ich diesen Mann in mein Herz geschlossen habe? Können Sie nachvollziehen, warum er für mich ein Held ist? Er hat den großen Sprung gewagt. Er hat alles riskiert. Er hat alles hinter sich gelassen, was seine Menschlichkeit zu ersticken drohte. Er hat diesen Sprung gewagt, obwohl er nicht wusste, welche Folgen das haben würde. Er ließ ein Leben hinter sich, von dem er wusste, dass es falsch war, und beschloss, nach dem Leben zu suchen, das für ihn richtig war.

Wenn ich mir viele der Dinge ansehe, die heute in der Welt geschehen, habe ich manchmal Angst, dass die Menschheit es nicht schaffen wird, ihre Probleme zu lösen und für ihr Überleben zu sorgen. In solchen Momenten denke ich an diesen Mann und seine innere Kraft. Und wenn ich daran denke, dass es noch viele andere Menschen gibt, deren Herz im gleichen Takt schlägt, dann glaube ich, dass wir es doch schaffen werden.

Mitunter finde ich, dass es zu wenige Menschen gibt, die sich für die so dringend notwendigen Veränderungen einsetzen. Doch dann erinnere ich mich daran, was ich über den ehemaligen Schweinezüchter dachte, als ich ihn das erste Mal sah. In diesem Moment wird mir klar, dass die Helden und Heldinnen überall unter uns sind. Nur kann ich sie nicht immer erkennen, weil ich bestimmte Vorstellungen davon habe, wie sie aussehen oder sich verhalten müssten. Manchmal sind es meine eigenen Überzeugungen, die mich behindern.

Der ehemalige Schweinezüchter ist einer meiner Helden, weil er mich daran erinnert, dass wir aus den Käfigen ausbrechen können, die wir für uns selbst und füreinander bauen. Er erinnert mich daran, dass wir etwas viel Besseres aus unserem Leben machen können.

Als ich ihn erstmals traf, hätte ich es niemals für möglich gehalten, dass ich einmal so etwas sagen würde. Doch das zeigt nur, wie überraschend das Leben mitunter sein kann. Wir können nie wissen, welche Erfahrungen das Leben für uns bereithält. Der ehemalige Schweinezüchter zeigt mir, dass wir die Kraft des menschlichen Herzens niemals unterschätzen sollten.

Ich bin dankbar, dass ich ihm eine Hilfe darin sein konnte, seinen Weg im Leben zu finden. Ich weiß, dass meine Anwesenheit ihm in irgendeiner Weise dienlich war. Doch ich weiß auch, und das nur zu gut, dass ich weit mehr bekommen als gegeben habe.

Für mich ist es ein Segen, wenn sich der Schleier von unseren Augen lüftet, sodass wir das Gute in anderen erkennen können. Manche mögen sich nach Reichtum oder ekstatischen Bewusstseinszuständen sehnen, doch für mich liegt genau hier der Zauber und die Schönheit des menschlichen Lebens.

2

Eier und die Hühner, die sie legen

Liebhaber von Eiern jubeln, weil das Landwirtschaftsministerium der Vereinigten Staaten von Amerika – obwohl gewöhnlich die letzte Behörde, die überhaupt einen Fortschritt bei der Ernährung bemerkt – bekanntgab, dass Eier sehr viel mehr Vitamin D enthalten und 14 Prozent weniger Cholesterin als früher gedacht. Wenn wir die Frage einmal beiseitelassen, warum wissenschaftliche Experten sich so lange bei etwas so Einfachem wie dem Vitamin-D- und Cholesteringehalt von Eiern geirrt haben, dann sind das auf jeden Fall gute Nachrichten für alle, die Eier mögen. Erfreut meldet die Eiindustrie, dass man ganze zehn Eier pro Woche essen kann und dennoch unter der gesunden Erwachsenen empfohlenen Obergrenze von 300 Milligramm Cholesterin am Tag bleibt (natürlich vorausgesetzt, dass man sonst überhaupt kein weiteres Cholesterin zu sich nimmt).[*]

Natürlich zaubert das ein Lächeln auf die Gesichter aller, die gerne Eier essen und damit keinen Herzanfall riskieren möchten. Lässt es Eiliebhaber lächeln, ist es für die Eiindustrie wie eine Glücksdroge – sie verliert, wie man sich denken kann, keine Zeit damit, die Nachricht hinauszuposaunen, dass ihre Produkte freigesprochen/entlastet sind.

Überlegen wir einen Augenblick. In all dem Geschrei wird doch etwas übersehen – vielleicht etwas, was von größerer Bedeutung ist, als wie viel Milligramm Cholesterin ein Ei enthält. Interessiert uns eigentlich, wie man mit Hühnern umgeht? Kümmern uns ihre Lebens-

---

[*] Wahrscheinlich sorgt das in Eiern enthaltene Lezithin dafür, dass das Cholesterin im Körper umgewandelt wird. Deshalb wird durch den Verzehr von Eiern der Cholesterinspiegel nicht erhöht. Dies lassen neuere Studien vermuten. Anm. d. dt. Hrsg.

bedingungen und welches Futter sie erhalten? Interessiert es uns, ob die Eier auf humane Weise und nachhaltig erzeugt werden? Wenn das Ergebnis dieser Nachricht ist, dass wir mehr Eier essen, die immer noch von Hühnern stammen, die vor sich hinvegetieren, ist sie dann immer noch gut?

Es ist eine traurige Tatsache, dass Legehühner bei der modernen, industrialisierten Eiproduktion in schmutzige Käfige gestopft werden. Diese sind so winzig, dass die Hühner nicht einmal die Flügel bewegen können. Die Hühner haben sogar noch weniger Platz, als steckte man mehrere nebeneinander in eine Schreibtischschublade. In einem Stall können bis zu 30.000 Hühner untergebracht sein.*

Die Käfighaltung macht die Vögel so wahnsinnig, dass sie sich gegenseitig totpicken würden – wenn sie nur könnten. Das will die Industrie natürlich nicht, weil tote Hühner, die keine Eier mehr legen, auch keinen Profit bringen. Was also unternimmt die Industrie? Sie gibt den Hühnern nicht mehr Platz – was eine menschliche Reaktion wäre –, nein, sie schneidet ihnen stattdessen einen Großteil des Schnabels ab – ein Vorgang, der als „Schnabelkürzen" oder „schnäbeln" schöngeredet wird.

Was kann ein Verbraucher dagegen tun? Glücklicherweise veröffentlicht in den USA das *Cornucopia Institute* eine Bewertungsliste für Bio-Eier, in der Verbraucher alle wichtigen Informationen finden. Die Liste führt Markenfirmen und private Bio-Höfe auf und dazu die Kriterien, die für umweltbewusste Konsumenten von Bedeutung sind.

---

* Nach der deutschen „Legehennenverordnung" sind neben Freiland- und Bodenhaltung auch „Haltungseinrichtungen" mit einer Fläche von mindestens 2,5 Quadratmetern erlaubt, „auf der die Legehennen sich ihrer Art und ihren Bedürfnissen entsprechend angemessen bewegen können …". In diesen „Kleingruppen" muss jedem Tier „jederzeit eine uneingeschränkt nutzbare Fläche von mindestens 800 Quadratzentimetern zur Verfügung stehen"; beträgt das Durchschnittsgewicht der Tiere mehr als 2 Kilogramm, sind es mindestens 900 Quadratzentimeter. Anm. d. Übers.

Zwei Dinge werden dadurch schnell deutlich:

Erstens: Dass ein Ei „Bio-Ei" heißt, bedeutet nicht, dass die Hühner human gehalten werden. Es gibt auch industrielle Bio-Höfe, in denen mehr als 80.000 „Bio-Hühner" in einem Stall zusammengepfercht leben.

Zweitens zeigt die Bewertungsliste, welche Eier in Ihrem Laden tatsächlich im besten Sinne „bio" sind und wo man Hühner ethisch behandelt. Wollen Sie wissen, welche Eier nachhaltig und human erzeugt werden und welche nicht, werfen Sie einen Blick in die Liste.

Das Ergebnis wird Sie überraschen. Beispielsweise sind private Anbieter wie *Trader Joe's, Safeway O Organics, Whole Foods' 365 Organic, Walmarts Great Value* und *Costcos Kirkland Signature* am schlechtesten bewertet, weil diese Unternehmer aussagekräftige Informationen darüber, wie die Hühner untergebracht und gefüttert werden, entweder nicht liefern wollen oder nicht können. Unglücklicherweise, berichtet das *Cornucopia Institute*, „werden die meisten Bio-Eier für private Anbieter auf industriellen Farmen erzeugt, die Hunderttausende von Vögeln halten und die Tiere auch nicht ins Freie lassen".

Viele Eierproduzenten verkünden stolz, ihre Eier würden ohne Hormongaben erzeugt. Das klingt toll, ist aber völlig ohne Bedeutung, weil – im Gegensatz zu Rindfleisch und Milchprodukten – keine Eier, die heute in den USA erzeugt werden, rechtmäßig mit Hormonen erzeugt werden dürfen. Die Bundesgesetzgebung untersagt den Einsatz von Hormonen in der Geflügelaufzucht.

Zumindest *Whole Foods* hat einen Schritt in die richtige Richtung gemacht und verkauft keine Eier mehr von Hühnern, die „geschnäbelt" wurden. Wer also bei *Whole Foods* einkauft, kann beruhigt sein, dass die dort gekauften Eier nicht aus den allerschlimmsten Fabriken unseres Landes stammen.

Wenn Sie Ihre Eier von gesunden und glücklichen Hühnern haben wollen, können Sie einen ersten Schritt in Richtung Lebensmittelautonomie gehen und selbst im Garten Hühner halten. Oder Sie kaufen Ihre Eier von einem Bio-Bauernhof in der Nähe, wo Sie die Hühner vorher ansehen können. Oder kaufen Sie nur die auf der Bewertungsliste ausgezeichneten Eier.*

Ich ziehe es vor, wenn für mein Frühstück keine Brutalität nötig ist. Ich esse gern Haferflocken mit Zimt, Rosinen und Walnüssen. Die gehören nicht nur wegen des Geschmacks dazu. Hafer weist einen relativ geringen glykämischen Index** auf, doch durch die Walnüsse bekommt mein Frühstück auch einen hohen Eiweißgehalt und eine hohe Nährstoffdichte, gesunde Fette und einen geringen glykämischen Index.

Und das ist das Rezept für ein schmackhaftes und herzhaftes Frühstück, das Ihnen einen stabilen Blutzuckerspiegel und die ganze Energie verleiht, die Sie am Morgen brauchen. Es reicht für drei Portionen.

1 Tasse Haferflocken
3 Tassen Wasser
½ Teelöffel Salz
½ Teelöffel Zimt
⅓ Tasse Rosinen
⅓ Tasse Walnüsse

Zubereitung siehe folgende Seite ...

---

* In Deutschland sind Bio-Eier nicht nur in Bio-Läden und -Supermärkten sowie an Bio-Ständen auf dem Markt sondern mittlerweile auch in den meisten Supermarkt-Ketten erhältlich. Achten Sie beim Einkauf auf die aufgedruckten Kennzahlen: 0 = Ökologische Erzeugung, 1 = Freilandhaltung. 2 und 3 bezeichnen Boden- und Käfighaltung. Um Eier aus heimischer Produktion zu kaufen, achten Sie auf den Ländercode: AT entspricht Österreich, DE Deutschland. Nudeln werden häufig mit Eiern aus Käfighaltung hergestellt, achten Sie auf die Angaben auf der Packung, oder verwenden Sie Nudeln aus Hartweizengries. Anm. d. Übers.

** Der glykämische Index gibt an, wie stark ein kohlenhydrathaltiges Nahrungsmittel den Blutzuckerspiegel ansteigen lässt. Anm. d. dt. Hrsg.

1. Haferflocken, Wasser, Salz, Zimt und Rosinen in einen Topf geben und bei geschlossenem Deckel zum Kochen bringen.
2. Hitze reduzieren, 10 Minuten köcheln lassen, umrühren.
3. Topf vom Herd nehmen, Walnüsse einrühren, heiß servieren.

3

Glückliche Kühe? – Die gibt es nicht

Als einziger Sohn des Gründers des Eiscreme-Imperiums Baskin-Robbins wuchs ich mit jeder Menge Eiscreme auf. Jeder erwartete, dass ich das Familienunternehmen eines Tages leiten würde. Ich stellte zu meinem Bedauern fest, dass der Verkauf und der Verzehr von Eiscreme dazu beitrug, dass es immer mehr Herzerkrankungen und Fettleibigkeit gab.

Noch bedauerlicher war, dass Eiscreme von Milch stammte, die auf Kosten der wahnsinnig leidenden Milchkühe und ihrer Kälber hergestellt wurde. Ich trat also nicht in die Fußstapfen meines Vaters, sondern verließ unser Familienunternehmen und widmete mich stattdessen dem Kampf für eine mitfühlendere und gesündere Welt.

In meinen Büchern, darunter *Ernährung für ein neues Jahrtausend* und *Food Revolution* habe ich den schrecklichen Missbrauch beschrieben, den Tiere wie Milchkühe und ihre Kälber in der Massentierhaltung erleiden. Diese Bücher wurden internationale Bestseller, und das hat mich darin bestärkt, dass diese Probleme immer mehr Menschen beschäftigen.

2010 unterzeichnete der kalifornische Gouverneur Arnold Schwarzenegger einen Gesetzesentwurf, der in seinem Staat den Verkauf von Eiern aus Käfighaltung untersagt. Er tritt 2015 in Kraft und wurde zwanzig Monate, nachdem eine Mehrheit von 63 Prozent aller kalifornischen Wähler dem Antrag 2, dem *Prevention of Farm Animal Cruelty Act* (Erlass zur Vermeidung von Tierquälerei bei Farmtieren) zugestimmt hatte, Gesetz. Das zeigt deutlich, dass nicht mehr ausschließlich Tierschutzaktivisten die Art und Weise der modernen Viehhaltung infrage stellen.

Weil er erkannte, dass sich immer mehr Menschen um eine menschliche Behandlung von Farmtieren sorgen, überarbeitete der *Ca-*

lifornia Milk Advisory Board (die Vermarktungsorganisation des Landwirtschaftsministeriums) seine bereits zehn Jahre laufende Kampagne „Glückliche Kühe" und lancierte eine neue Reihe von Werbespots und Postern, auf denen zu lesen war: „Tolle Milch kommt von glücklichen Kühen. Glückliche Kühe kommen aus Kalifornien." Diese Spots werden jetzt landesweit gezeigt.

Leider stimmt so einiges bei diesen Anzeigen und Spots nicht. Sie nehmen es mit der Wahrheit nicht immer ganz genau. Beispielsweise wurden sie in Auckland in Neuseeland und nicht in Kalifornien gefilmt. Leider ist das nur die Spitze des Eisbergs.

Der *California Milk Advisory Board* verkündet im ganzen Staat auf Plakaten und in Anzeigen, dass sich 99 Prozent der Molkereien des Staates in Familienbesitz befinden. Um diese hohe Quote zu erreichen, zählte er einfach jeden Privathaushalt mit, der ein oder zwei Kühe besaß, und nannte ihn Molkerei. Bei dieser Zählweise gilt jeder Haushalt als Molkerei; er wird mit einer Molkerei im San Joaquin Valley gleichgesetzt, die einer Firma gehört und 20.000 Kühe hält. Verbraucher, die diese Plakate und Anzeigen lesen, denken also, dass praktisch die ganze Milch des Staates aus kleinen Familienbetrieben stammt – tatsächlich aber werden 95 Prozent der Milch in großen Fabriken produziert.

Mit den in diesen Molkereien üblichen Praktiken erzeugt die durchschnittliche kalifornische Milchkuh fast 1300 Liter mehr Milch als im Landesdurchschnitt. Diese erhöhten Produktionszahlen klingen gut, werden aber nur auf Kosten der Tiere erzielt. Gemeinhin sind die Tiere unter extrem unnatürlichen Umständen eingesperrt, sie erhalten Hormonspritzen, Antibiotika im Futter, und man betrachtet sie ohne Mitleid als vierbeinige Milchpumpen. Die Anzeigen bilden glückliche kalifornische Kühe ab, tatsächlich aber leidet ein Drittel aller Kühe in Kalifornien an einer schmerzhaften Infektion der Euter und mehr als die Hälfte an anderen Infektionen und Krankheiten.

Die natürliche Lebensdauer einer Milchkuh beträgt zwanzig Jahre, in Kalifornien werden Kühe allerdings gewöhnlich im Alter von vier oder fünf Jahren geschlachtet, weil sie dann aufgrund von schmerzhaften Infektionen an den Beinen oder aufgrund von Kalziummangel nicht mehr die ihnen abverlangte unnatürlich hohen Milchmengen zu geben imstande sind.

Es lässt sich nur schwer vorstellen, wie man das Leben eines durchschnittlichen kalifornischen Rindes glücklich nennen kann. Wir müssen uns also fragen, ob wir nicht unsere Werbefachleute an die Wirklichkeit erinnern sollten. Sollten wir nicht von ihnen verlangen, dass ihre Werbebotschaften zumindest etwas mit der Wirklichkeit zu tun haben? Der *California Milk Advisory Board* verspricht in seiner Werbekampagne, dass die Tiere ein schönes und angenehmeres Leben haben. Dem *Milk Board* gefallen die Anzeigen mit den glücklichen Kühen, also zahlt er Hunderte Millionen Dollar dafür, dass sie in den gesamten USA gezeigt werden. Aber die Werbekampagne täuscht doch den Verbraucher.

Die Anzeigen - mit ihren Slogans wie „So viel Gras, so wenig Zeit" - stellt die kalifornische Milchindustrie als Landidylle dar, mit saftig grünen Weiden, die irgendwie, naja, nach Neuseeland aussehen. Alles klingt so schön, aber die kalifornische Milchwirtschaft sitzt hauptsächlich im Central Valley - dort ist es trocken und dürr. Hier werden Kühe meist in überfüllter, schmutziger Intensivfütterung gehalten. Viele sehen in ihrem ganzen Leben keinen einzigen Grashalm.

Vielleicht sollte der Slogan also richtiger lauten: „So viele Kühe, so wenig Platz!"

Die Anzeigen zeigen Kälber, die sich - in der Art eines Comicstrips - auf der Weide glücklich mit ihrer Mutter unterhalten. Die Wirklichkeit sieht etwas anders aus. Männliche Kälber, die in Kalifornien zur Welt kommen, bleiben gewöhnlich höchstens 24 Stunden bei ihrer Mutter, manche nicht einmal so lange. Dann werden sie ihrer Mutter entrissen, um geschlachtet zu werden oder angebunden in einer engen Kälbermastbox zu vegetieren.

Die Anzeigen vermitteln den hübschen Eindruck, die Milchindustrie arbeite im Einklang mit der Umwelt. Und wieder einmal stimmt dieses liebliche Bild nicht. Die 1600 Molkereien im kalifornischen Central Valley erzeugen mehr Exkremente als alle Menschen in Texas zusammengenommen. Schaufelte man alle Exkremente zusammen, die Milchkühe in den fünfzig Quadratmeilen des kalifornischen Chino-Beckens erzeugen, ergäben sie auf der Grundfläche eines Fußballfeldes einen Turm so hoch wie das Empire State Building. Bei starkem Regen werden die Rinderexkremente aus dem Chino-Becken direkt in den Santa Ana River gespült. Also landet ein großer Teil davon unvermeidlich in den Reservoirs, die halb Orange County mit Trinkwasser versorgen.

Natürlich erwähnen die Werbespots mit den glücklichen Kühen nie, dass 20 Millionen Kalifornier (65 Prozent der Bevölkerung) auf Trinkwasser angewiesen sind, das durch die Kontaminierung mit Nitraten und anderen Giften bedroht ist, die von Kuhmist stammen. Nitrate werden mit Krebs und Missbildungen bei Babys in Verbindung gebracht.

Man sagt gern: „Selig sind die Unwissenden" oder „Was ich nicht weiß, macht mich nicht heiß". Ein bestimmter Grad des Glücks wird erst dadurch möglich, dass wir das ausblenden, was uns nicht gefällt und uns belastet. Der *Milk Board*, der sich unserem Nichtwissen verpflichtet fühlt, verschweigt, dass gentechnisch veränderte Rinderwachstumshormone in den kalifornischen Molkereibetrieben in großem Umfang eingesetzt werden, damit die Kühe mehr Milch geben. Und er verschweigt ebenso, dass diese Hormone in vielen Staaten – darunter Kanada, Australien, Neuseeland und in vielen Ländern Europas – verboten sind, weil sie zu Entzündungen der Euter und Lahmheit der Rinder führen, weil sie deutlich den Eiteranteil in der Milch erhöhen und weil sie das Krebsrisiko für die Endverbraucher erhöhen.

Heute sind viele Verbraucher bereit, für human erzeugte und umweltfreundliche Produkte ein wenig mehr zu zahlen. Eier von freilaufenden Hühnern erzielen auf den Märkten höhere Preise als solche aus konventioneller Haltung. Brot aus Bio-Mehl wird teurer verkauft. Was aber, wenn jemand erklärte, seine Eier stammten von freilaufenden Hühnern, dies aber gar nicht der Fall wäre? Oder wenn er konventionelles Brot als Bio-Brot deklarierte? Wäre das dann nicht unlauterer Wettbewerb? Eine womöglich sogar kriminelle Unlauterkeit? Können wir es zulassen, dass die Anzeigen und Spots des *Milk Boards* glückliche Kühe zeigen, die die Vorstellung vermitteln, kalifornische Molkereiprodukte würden auf humane Weise und umweltfreundlich erzeugt? Warum lassen wir es zu, dass Menschen ausgenutzt werden, die sich um unseren wunderbaren Planeten und seine Lebewesen Gedanken machen und die bereit sind, für Produkte, die mit Respekt vor dem Leben erzeugt werden, einen höheren Preis zu zahlen?

Der *Milk Board* verteidigt sich damit, die Anzeigen seien zur Unterhaltung gedacht und sollten nicht allzu ernst genommen werden. Dennoch scheint mir der *Milk Board* eigentlich nicht im Unterhaltungsgewerbe tätig zu sein. Gibt er wirklich Hunderte Millionen Dollar für diese Kampagne aus, um der Öffentlichkeit eine Freude zu bereiten – oder will er den Verkauf kalifornischer Molkereiprodukte ankurbeln?

Der *Milk Board* argumentiert, die Anzeige bilde sprechende Kühe ab. Jeder wisse doch, dass Kühe nicht reden können. Also, schlussfolgert er, sind diese Anzeigen nicht irreführend. Natürlich stimmt es, dass niemand, der noch ganz bei Trost ist, glaubt, dass Kühe sprechen. Und der *Milk Board* hat recht, wenn er erklärt, dass seine Anzeigen das den Menschen auch nicht weismachen. Allerdings kenne ich auch keine Verbraucher, die verlangen, dass ihre tierischen Produkte von sprechenden Tieren stammen müssen. Es gibt allerdings eine große Zahl Verbraucher, die sich um Tiere und um unseren Planeten sorgen und die bereit sind, mehr auszugeben, wenn die Tierprodukte menschlich und umweltfreundlich erzeugt werden.

Der *Milk Board* weiß sehr genau, dass er seine Produkte nicht verkaufen kann, wenn er Kälber zeigt, die ihren Müttern entrissen und in winzige Mastboxen gesteckt werden. Natürlich zeigt er auch keine ausgemergelten, lahmen Tiere, die nach einem Leben voller Leiden und Übermelkung in Schlachthaus gezerrt werden, wo man ihnen die

Kehle durchschneidet. Aber genau das wäre die Wahrheit über die Milchindustrie in Kalifornien. Dieses Elend zu vertuschen, indem man Fantasieanzeigen mit glücklichen Kühen veröffentlicht, trägt nichts dazu bei, das Leiden dieser Tiere zu erleichtern.

Deshalb unterstütze ich *People for the Ethical Treatment of Animals (PETA)* bei einer Klage, die die Anzeigen des *Milk Boards* als bewusste Täuschung bezeichnet. Ich halte es für unmenschlich, Kühen und ihren Kälbern weithin solches Leid zuzufügen. Ich halte es für unverantwortlich, die Wasserreserven des Staates zu vergiften. Und ich halte es für unehrlich, verantwortliche Verbraucher über das Leiden dieser Tiere und die Folgen für die Umwelt zu belügen. Ich würde mich selbst für unverantwortlich halten, wenn ich still dasäße und nichts täte, während der *Milk Board* weiterhin Hunderte Millionen Dollar für die Kampagne mit den glücklichen Kühen ausgibt.

Nachdem ich Nebenkläger wurde, interviewte mich ein skeptischer Reporter, der mir einige provokante Fragen zu meinen Beweggründen stellte. Im Folgenden gebe ich einige Ausschnitte aus unserem Gespräch wieder:

Frage: Finden Sie die Anzeigen denn nicht witzig?
Antwort: Ich finde sie clever, aber als jemand, dem das Leid der Tiere nicht egal ist, finde ich sie nicht witzig. Grausamkeit ist nie witzig; ich halte es auch nicht für richtig, die Öffentlichkeit irrezuführen, selbst wenn das „unterhaltsam" geschieht.

Frage: Bei diesem Prozess treten Sie als Nebenkläger von PETA auf. Ihre Beschwerde wegen der Anzeigen ist doch typisch für solche Tierrechtsaktivisten, oder?
Antwort: Nun, im ganzen Spektrum unserer Gesellschaft gibt es Verbraucher, die wollen, dass tierische Produkte möglichst human erzeugt werden. Gerade jüngst hat *McDonald's* die von ihnen verwendeten Hühnerkäfige vergrößert und die Zahl der Vögel pro Käfig reduziert. Das hat sie viel Geld gekostet, war aber eine Reaktion auf die Nachfrage nach human gehaltenem Geflügel. *Burger King* und *Taco Bell*

haben so ziemlich dasselbe getan. Und die Leute, die in die Fastfood-Restaurants gehen, sind kaum Tierrechtsaktivisten. Ganz im Gegenteil, das sind typische, durchschnittliche Amerikaner. Dass man sich wegen des Leids der Tiere Sorgen macht, ist einfach ein Teil des amerikanischen Nationalcharakters. Das macht uns als Volk aus. Abraham Lincoln sprach ja nicht als Anwalt der Tierrechtsaktivisten, als er sagte: „Ich kann die Religion eines Menschen nicht achten, wenn es nicht seinem Hund oder seiner Katze ihretwegen besser geht." Ich halte die Anzeige mit den glücklichen Kühen für eine Beleidigung des legitimen Wunsches vieler Millionen Menschen, dass Tiere human behandelt werden.

Frage: Sie sind doch nur Mitkläger, weil Sie Vegetarier sind.
Antwort: Nein. Dass ich Vegetarier bin, ist meine persönliche Gewissensentscheidung. Allerdings liegt es nicht im Bereich einer Gewissensentscheidung, ob man die Öffentlichkeit über ein vermarktetes Produkt belügt. Tatsächlich ist doch der Teil der Bevölkerung, der nicht vegetarisch lebt, das Hauptopfer dieser Anzeigen. Viele Vegetarier nehmen keine Milchprodukte zu sich, diese Art Anzeigen betrifft sie deshalb gar nicht.

Frage: Aber sind denn nicht alle Werbeanzeigen so? Wenn ich ein Bier kaufe, erwarte ich doch auch nicht, dass zwei Blondinen in Bikinis auftauchen.
Antwort: Natürlich nutzen viele Anzeigen die Sehnsucht der Menschen danach, ein glücklicheres und aufregenderes Leben zu führen. Aber ich halte die Kampagne mit den glücklichen Kühen für besonders und auf einzigartige Weise unverantwortlich. Es gibt bei uns ja keine ernsthafte, von breiten Teilen der Bevölkerung getragene gesellschaftliche Bewegung, die verlangt, dass Bier vom Hersteller zusammen mit Frauen im Bikini ausgeliefert wird. Aber genau eine solche Bewegung gibt es, wenn es um die ethische Behandlung von Tieren geht. Sie will, dass Molkereiprodukte und andere tierische Produkte human, umweltfreundlich und nachhaltig produziert werden.

Frage: Die Anzeige impliziert, dass es Kühen in Kalifornien besser geht als in den anderen US-Bundesstaaten. Stimmt das?
Antwort: Nein. Tatsächlich ist das Gegenteil der Fall. Das Gros der kalifornischen Milchindustrie ist im dürren Central Valley angesiedelt, heute befindet sich dort die größte Milchproduktion der Vereinigten Staaten. Die Kühe werden normalerweise in schmutziger Intensivfütterung gehalten, die nichts mit den grünen Weiden etwa in Wisconsin gemein hat, wo es viel mehr regnet. Kalifornische Milchkühe werden in größerer Zahl und auf kleinerem Raum gehalten als irgendwo sonst in unserem Land.

Frage: Was wollen Sie mit diesem Prozess eigentlich erreichen?
Antwort: Wir wollen, dass das Gericht das Leiden der Tiere ernst nimmt und diese irreführenden Anzeigen verbietet. Aber wir wollen natürlich auch, dass der *Milk Board* Veränderungen vornimmt und sich bemüht, den Schaden, den diese Anzeigen verursachen, zumindest teilweise wiedergutzumachen. Beispielsweise könnte der *Milk Board* eine Strafe zahlen, die in etwa den Ausgaben für die Kampagne mit den glücklichen Kühen entspricht. Und mit diesem Geld könnte man Bildungsveranstaltungen finanzieren, bei denen Menschen jeden Alters lernen, wie man Tierquälerei verhindern kann.

Frage: Wie sieht der gegenwärtige Stand des Verfahrens aus?
Antwort: Bislang war der *Milk Board* vor Gericht erfolgreich. Warum? Weil es sich beim *California Milk Advisory Board* um die für das Marketing zuständige Abteilung des kalifornischen Landwirtschaftsministeriums, einer Behörde, handelt. Und in Kalifornien sind Regierungsbehörden – als wären wir bei George Orwell – von der Pflicht zur wahrheitsgemäßen Werbung entbunden.

Frage: Wenn die Gerichte diesen Schritt nicht wagen – was können wir tun, um uns zu schützen?
Antwort: Der Verbraucher muss endlich aufhören, ein solches Verhalten auch noch mit seinen hart verdienten Dollars zu belohnen. Wir

sollten nicht länger Industriezweige unterstützen, die uns belügen und die Tiere quälen. Ich glaube, wir sollten endlich begreifen, dass es bei der Intensivtierhaltung keine glücklichen Kühe gibt.

Zweiter Teil

Was stopfen wir in unsere Körper hinein?

4

Gesund oder ungesund? – Die Wahrheit über Soja

n den letzten Jahren haben mich immer wieder Menschen gefragt, was ich von Soja halte. Der Anlass ist häufig ein Artikel von Sally Fallon und Mary G. Enig, „Tragedy and Hype", der weite Kreise gezogen hat. Darin wird Soja strikt abgelehnt. Der Artikel führt eine ganze systematische Reihe von Einwänden gegen den Verzehr von Soja auf, die wiederum in zahlreiche weitere Presseberichte übernommen wurden. In der Folge fragen sich nun viele Menschen, ob Soja wirklich gesund und sicher ist.

Schier endlos, so Fallon und Enig, sei die Litanei der Gefahren durch Sojaprodukte. Tofu, behaupten sie, lasse das Gehirn schrumpfen und sei eine der Ursachen für Alzheimer. Sojaprodukte förderten Krebs, statt ihn zu verhindern. Soja enthalte „Anti-Nährstoffe" und sei voller Gifte. Bei der Publicity für Soja der letzten Jahre handle es sich um „Propaganda". Die Inhaltsstoffe von Soja, schreiben sie, entsprächen einer „Anti-Baby-Pille für Babys".

„Soja ist kein Schierling", schlussfolgern sie; „Soja ist sogar noch heimtückischer als Schierling."

Fallon und Enig erklären, die Soja-Industrie wisse ganz genau, dass Soja giftig sei, belüge aber die Öffentlichkeit, „um mehr Soja zu verkaufen". Soja sei „das nächste Asbest". Sie sehen unzählige Klagen mit „Abertausenden von Klageschriften" voraus. Sie warnen „Händler, Hersteller, Wissenschaftler, Reporter, Bürokraten, Finanziers, Fachjournalisten, Vitaminhersteller und Geschäfte" – denn sie alle werden irgendwann dafür haftbar gemacht werden, dass sie aus Raffgier die Verbraucher manipuliert haben.

In Anbetracht der stetig zunehmenden Bedeutung von Soja in vielerlei Form für unsere Ernährungsweise sind diese Anschuldigungen äußerst ernst zu nehmen. Sollten sie zutreffen, dann wäre das Vertrauen, das viele Menschen in Soja haben, nicht nur nicht gerechtfertigt, sondern letzten Endes katastrophal.

In der Ernährung vieler gesundheitsbewusster Menschen spielen Sojaprodukte mittlerweile eine so entscheidende Rolle, und die gegen Soja vorgebrachten Einwände sind so vielfältig und ernsthaft, dass dieses Thema eine sorgfältige und ausführliche Behandlung verdient. Im Folgenden versuche ich nun, den Nutzen und die Gefahren von Soja möglichst objektiv einzuschätzen.

FLUCH ODER SEGEN?

Vor nicht allzu langer Zeit hielten die meisten Amerikaner Soja für „Hippie-Futter". Dann aber ergaben immer mehr medizinische Untersuchungen, dass der Verzehr von Soja die Anzahl an Herzerkrankungen und das Krebsrisiko verringerte, dass es lebensverlängernd wirkte und auch die Lebensqualität verbesserte und dass es sich um einen geradezu idealen Ersatz für tierisches Eiweiß handelte, welches praktisch unvermeidlich Cholesterin und ungesunde gesättigte Fette enthält. Jetzt horchten auch die Durchschnittsamerikaner auf. Das Magazin *Time* berichtete 1999 in dem Artikel „The Joy of Soy", nur 45 Gramm Soja täglich reduzierten nachweislich sowohl das Gesamt- als auch das „schlechte" LDL-Cholesterin. Dafür gab es so überzeugende Belege, dass sogar die stramm pro-pharmazeutische amerikanische Arzneimittelbehörde *FDA* zugeben musste, dass der Verzehr von Sojabohnen Krankheiten nicht nur vorbeugen, sondern sogar heilen kann.

Als man immer mehr Belege für die gesundheitlichen Wirkungen von Soja fand, schnellten Verkauf und Verzehr in die Höhe. Bücher wie *The Simple Soybean and Your Health*, *Tofu Cookery*, und *The Book of Tofu* verbreiteten die Botschaft. Die jährlichen Umsätze aus dem Verkauf von Sojamilch, die Anfang der 1980er nur ein paar Millionen Dollar betrugen, beliefen sich plötzlich auf mehr als eine Milliarde Dollar. Und das war nicht nur bei Sojamilch so, sondern bei allen Sojaprodukten. In den Jahren von 1996 bis 2011 verfünffachten sich die Verkaufszahlen für Soja in den Vereinigten Staaten – von einer Milliarde Dollar auf fünf Milliarden. Dennoch handelt es sich laut Fallon und Enig um einen tragischen Irrtum. Soja sei weit davon entfernt, all die gesundheitlichen Versprechungen einzulösen, die seine Verfechter immer wieder abgeben. Ganz im Gegenteil, sie schreiben: „Sojabohnen enthalten große Mengen natürlicher Giftstoffe und ‚Anti-Nährstoffe‘, (darunter) wirkmächtige Enzymhemmer, die Trypsin und andere für den Eiweißabbau benötigte Enzyme blockieren. ... Sie können ernsthafte Schäden, verringerten Eiweißabbau und eine chronisch verminderte Aufnahme von Aminosäuren verursachen.“

Diese Vorwürfe wiegen umso schwerer, weil Soja häufig gerade wegen seines beträchtlichen Eiweißgehalts verzehrt wird. Ich bin der Ansicht, dass die Beschuldigungen ein Körnchen Wahrheit enthalten, dass Fallon und Enig aber übertreiben. Tatsächlich ist das Eiweiß in gekochten Sojabohnen schwerer verdaulich als das meiste tierische Eiweiß. Werden Sojabohnen jedoch zu Sojamilch, Tofu, Tempeh und anderen gebräuchlichen Sojaprodukten weiterverarbeitet, wird ihr Eiweiß dadurch so gut verdaulich wie tierisches Eiweiß. Eine negative Auswirkung der in Sojabohnen enthaltenen Enzymhemmer auf die Verdaulichkeit des Eiweißes kann bei diesen Produkten praktisch vernachlässigt werden. Und selbst einfache Sojabohnen mit reduzierter Eiweißverdaulichkeit enthalten immer noch so viel Eiweiß und essenzielle Aminosäuren, dass sie Menschen immer noch als einzige Eiweißquelle dienen können, sollte das nötig sein.

„Sojabohnen enthalten ebenfalls Hämagglutinin“, so Fallon und Enig weiter, „einen Blutgerinnsel fördernden Stoff, der die roten Blutzellen verklumpen lässt. Trypsinhemmer und Hämagglutinin hemmen das Wachstum. ... Soja enthält zudem Stoffe, die die Funktion der Schilddrüse unterdrücken und einen Kropf verursachen.“ Es stimmt, dass Sojabohnen all diese Stoffe enthalten. Wie aber können wir dann die Tatsache erklären, dass Tausende Jahre lang ganze Kulturen Soja in Maßen zu sich genommen haben? Fallon und Enigs Argumente beruhen auf Tierversuchen, bei denen die Tiere, denen extrem große und unnatürliche Mengen Soja verabreicht wurden, später „nicht normal wuchsen" sowie „pathologische Zustände der Bauchspeicheldrüse, darunter Krebs, entwickelten". Tatsächlich aber gibt es keinen einzigen Hinweis darauf, dass die Stoffe in den Mengen, wie sie gewöhnlich bei einer Ernährung unter anderem auch mit Soja vorkommen, für Menschen ein Gesundheitsrisiko darstellen.

TIERVERSUCHE

Vieles, was man Soja vorwirft, wird mit den Ergebnissen von Tierversuchen begründet. Natürlich aber unterscheiden sich Menschen von den anderen Tieren, Nahrungsmittel können sich also bei Tieren und bei uns unterschiedlich auswirken. Proteasehemmer sind Stoffe, die die Wirkung der Verdauungsenzyme verlangsamen, die Eiweiße zerlegen. Fallon und Enig beziehen sich auf Untersuchungen, die belegen, dass aus Sojabohnen isolierte Proteasehemmer bei manchen Tierarten Krebs hervorrufen, allerdings gibt es keine Hinweise darauf, dass das auch bei Menschen geschieht. Tatsächlich kann man belegen, dass die Proteasehemmer der Sojabohnen die Dickdarm-, Prostata- und Brustkrebsraten bei Menschen senken.

Fallon und Enig legen viel Wert auf eine Untersuchung aus dem Jahr 1985, die nachwies, dass Soja bei Ratten das Risiko erhöht hat, an Bauchspeicheldrüsenkrebs zu erkranken. Doch Forscher am *National Cancer Institute* (Staatliches Krebsinstitut) weisen darauf hin, dass bei manchen Tierarten – insbesondere Ratten und Hühner – die Bauchspeicheldrüse für durch die Nahrung aufgenommene Proteasehemmer, wie man sie in Soja findet, außerordentlich empfindlich ist. Sie betonen, dass diese Empfindlichkeit bei anderen Arten, etwa Hamstern, Mäusen, Hunden, Schweinen und Affen, nicht angetroffen und „wohl auch bei Menschen nicht eintreten wird". Zwar laufen Ratten, die ausschließlich Soja essen, tatsächlich stärker Gefahr, an Krebs der Bauchspeicheldrüse zu erkranken, aber in Bevölkerungsgruppen, die sehr viel Soja essen, ist Bauchspeicheldrüsenkrebs seltener.

Selbst eng verwandte Arten reagieren auf molekularer Ebene häufig sehr unterschiedlich. Es stimmt wohl, wie Fallon und Enig bemerken, dass Rattenbabys bei Sojafütterung verkümmern. Sie verkümmern aber auch, wenn man ihnen menschliche Muttermilch gibt. Die Ursache dafür liegt in den enorm großen Unterschieden in der Ernährungsweise von Menschen und Ratten. Menschliche Milch enthält beispielsweise 5 Prozent Eiweiß, Rattenmilch 45 Prozent. Die benötigten Nährstoffe und die Reaktionen darauf können sich von Art zu Art stark unterscheiden. Nahrungsmittel, die für die eine Art von hohem Nährwert sind, können für andere Arten ungenießbar und sogar giftig sein.

Sojabohnen enthalten viele Isoflavone – Phytoöstrogene, also pflanzliche Stoffe, die in schwächerer Form ähnlich wie das Hormon Östrogen wirken. Fallon und Enig haben einige wenige Tierversuche ausgewählt, die scheinbar eine Korrelation zwischen den Isoflavonen in Soja und dem Krebsrisiko aufzeigen. Dennoch hat sich wiederholt gezeigt, dass der Verzehr von Soja das Brustkrebsrisiko bei Menschen reduziert – und zwar wegen der darin enthaltenen Isoflavone.

Warum dieser Unterschied? Dr. K. O. Kline vom *Department of Clinical Science* am DuPont-Kinderkrankenhaus in Delaware merkte 1998 in einem Artikel in den *Nutrition Reviews* an: „Aus der Literatur folgt eindeutig, dass die Isoflavone in Soja unterschiedliche Tierarten und jeweils anderes Gewebe in deutlich unterscheidbarer Weise beeinflussen." Dem stimmen Fallon und Enig jedoch nicht zu. Sie weisen Klines Einwand zurück und beschuldigen ihn „der wissenschaftlichen Heuchelei". Man kann es auch anders sehen: dass Kline einfach die wirklichen physiologischen Unterschiede bei unterschiedlichen Tierarten in Betracht zieht, die eben berücksichtigt werden müssen.

Man muss nur an *Contergan** denken. Wurde das Mittel von werdenden Müttern eingenommen, führte es zu schrecklichen Missbil-

---

* Das von der Firma *Grünenthal* entwickelte Thalidomid wurde 1957 bis 1961 unter dem Markennamen *Contergan* als Schlaf- und Beruhigungsmittel vertrieben. Dass es im Zusammenhang mit schweren Fehlbildungen bei Neugeborenen stand, wurde erste Ende 1961 erkannt und das Mittel daraufhin vom Markt genommen. In den USA erhielt *Contergan* wegen feh-

dungen bei den Kindern. *Contergan* war in großem Umfang an Tieren getestet worden und schien völlig unbedenklich zu sein. Auch die Kombination von Fenfluramin mit Dexfenfluramin, die in den 1990ern als Wundermittel zur Gewichtsreduktion gepriesen wurde, war zuvor in zahlreichen Tierversuchen getestet und für ganz unbedenklich befunden worden. Leider verursacht sie aber bei Menschen Herzklappenschäden. Als ein Medikament gegen Arthritis, *Opren*, an Affen getestet wurde, kam es zu keinerlei Nebenwirkungen, dann aber starben 61 Menschen, bevor es vom Markt genommen wurde. Das Mittel *Cylert* wiederum funktionierte bei Tieren; als es dann hyperaktiven Kindern verabreicht wurde, schädigte es deren Leber.

DER ZUSAMMENHANG MIT KREBS

Die wichtigste Frage ist damit die nach einer Verbindung zwischen dem Verzehr von Soja und Krebs beim Menschen. Trotz all der Anschuldigungen, die von Soja-Gegnern vorgebracht werden, lässt sich eindeutig belegen, dass Soja nicht Krebs fördert, sondern im Gegenteil das Krebsrisiko verringert.

Beispielsweise haben viele Studien gezeigt, dass die älteren Menschen auf Okinawa zu den gesündesten und langlebigsten Menschen der Welt gehören. Das ergab die renommierte Hundertjährigen-Studie von Okinawa, eine zwanzig Jahre dauernde Untersuchung, die das japanische Gesundheitsministerium finanzierte.

Die Forscher analysierten im Laufe dieser Studie die Ernährungsweise und das Gesundheitsprofil der älteren Menschen auf Okinawa und verglichen sie mit denen anderer älterer Menschen auf der ganzen Welt. Eine der Schlussfolgerungen war, dass der Verzehr von viel Soja

---

lender Testergebnisse keine Zulassung durch die Gesundheitsbehörde. Allerdings wurde es zu Testzwecken verteilt; 17 Kinder kamen mit Missbildungen zur Welt. Weltweit waren schätzungsweise 5000 bis 1000 Kinder betroffen, in Deutschland ca. 4000. Anm. d. dt. Hrsg.

einer der Hauptfaktoren für das extrem geringe Risiko der Bewohner Okinawas ist, an hormonabhängigem Krebs zu erkranken, darunter Brust-, Prostata-, Eierstock- und Darmkrebs. Verglichen mit Nordamerikanern haben sie erstaunliche 80 Prozent weniger Brust- und Prostatakrebs und nur halb so oft Eierstock- und Darmkrebs.

Dieses außergewöhnlich reduzierte Krebsrisiko auf Okinawa rührt zum Teil, so die Autoren der Studie, von der hohen Aufnahme von Isoflavonen aus Soja her. Dieses Ergebnis ist von großer Bedeutung. Die geringsten Krebsraten der Welt findet man auf Okinawa, dort wird auch das meiste Soja gegessen.

Andere Untersuchungen haben diese Verbindung zwischen dem Verzehr von Soja und vermindertem Krebsrisiko bestätigt. Eine Untersuchung des japanischen *Public Health Center* fand heraus, dass jene Präfekturen, in denen Frauen das meiste Soja verzehrten, auch die geringste Brustkrebsrate aufwiesen. Eine kürzlich in der medizinischen Fachzeitschrift *Lancet* veröffentlichte Studie konnte zeigen, dass Frauen, die die meisten Flavonoide (hauptsächlich Isoflavone aus Sojaprodukten) zu sich nahmen, ein signifikant geringeres Brustkrebsrisiko aufwiesen als Frauen mit einer geringeren Flavonoidaufnahme.

Am deutlichsten zeigt das wohl eine umfangreiche, 2003 in *The Journal of the National Cancer Institute* veröffentlichte Untersuchung. Sie ergab, dass Frauen mit hohem Sojakonsum ihr Brustkrebsrisiko im Vergleich zu Frauen mit geringem Sojakonsum um 54 Prozent reduzieren konnten.

Die Kampagne gegen Soja behauptet immer wieder, eine Ernährung mit Soja fördere das Krebsrisiko. Diese Behauptung lässt sich in keiner Weise mit den Ergebnissen der renommierten „Health Professionals Follow-up Study" vereinbaren, die bei Männern, die täglich Sojamilch trinken, einen Rückgang des Prostatakrebses um 70 Prozent feststellte.

Kaayla Daniel, ein Protegé von Fallon und Enig, hat ein vielbesprochenes Anti-Soja-Buch geschrieben, *The Whole Soy Story: The Dark Side of America's Favorite Health Food*. Das Buch wurde von Fallon herausgegeben, dem auch der kleine Verlag gehört, in dem es erschien. In ihrem Buch behauptet Daniel, dass „Soja fast sicher zumindest einen Teil der Zunahme von Schilddrüsenkrebs verursacht, weil die Isoflavone im Soja [das in Soja enthaltene Phytoöstrogen] zu ... Tumoren der Schilddrüse führen." Das stimmt nicht mit den Ergebnissen des kalifornischen *Cancer Prevention Institute* (Krebspräventionszentrum) überein, als es Schilddrüsenkrebs in der Region um San Francisco erforschte. Ganz im Gegenteil: Eines der Ergebnisse lautete, dass Menschen, die die meisten Phytoöstrogene aus Soja, Vollkorn, Nüssen und Keimen aufnahmen, ein signifikant geringeres Schilddrüsenkrebsrisiko aufwiesen. Die Frauen, die das meiste Soja aßen, hatten ein um die Hälfte geringeres Risiko, an Schilddrüsenkrebs zu erkranken, als die, die am wenigsten Soja zu sich nahmen.

Es stimmt, dass es, wenn man zu viel Soja isst und zu wenig Jod zu sich nimmt, zu einer Anschwellung und Unterfunktion der Schilddrüse kommen kann. Symptome von *Hypothyroidismus*, der Schilddrüsenunterfunktion, wie Lethargie und Depression, können auftreten, das Risiko für Schilddrüsenkrebs kann zunehmen. Die Lösung liegt nicht darin, auf Soja zu verzichten, sondern ausreichen Jod zu sich zu nehmen. Soja führt bei Menschen mit ausreichender Jodversorgung nie zu Problemen mit der Schilddrüse.

In den Vereinigten Staaten kommt Jodmangel nur sehr selten vor, weil dem Speisesalz Jod zugesetzt wird. Bereits ein Viertel Teelöffel Jodsalz enthält die tägliche Dosis. Wer kein Jodsalz verwendet, sollte jedoch sicherstellen, dass er genügend Mineralstoffe zu sich nimmt. Der Jodgehalt pflanzlicher Nahrung variiert mit dem Anteil des Jods im Erdboden, auf dem die Pflanze wächst. Meeresgemüse und Seetang sind ausgezeichnete Quellen für diesen Mineralstoff, die meisten Multivitamin-Nahrungsergänzungsmittel enthalten Jod.

Mittlerweile hat Kaayla Daniels Buch viele gesundheitsbewusste Menschen irregeführt, die nun glauben, dass Soja das Risiko nicht nur für Schilddrüsenprobleme und -krebs erhöht, sondern auch für viele andere Arten von Krebs. In der Folge haben viele Leute Angst davor, Soja zu essen.

Der Medizinforscher Syd Baumel war einer der Ersten, die Kritik an der Vermarktung von Soja als Gesundheitsnahrung übten und der die Auffassung infrage stellte, dass man umso gesünder sei, je mehr Soja man esse. Als er aber Daniels Behauptungen untersuchte, beeindruckten sie ihn überhaupt nicht. Seiner Meinung nach „täuscht und manipuliert [Daniels Buch] die Leser, um zu einer falschen Schlussfolgerung zu kommen. ... So ziemlich an jeder Stelle, an der man das Buch aufschlägt, findet man Halbwahrheiten, falsche Darstellungen, Fehler, Lügen und andere Täuschungsmanöver." Baumel gibt das folgende Beispiel:

Daniel führt einen über fünf Jahre laufenden klinischen Versuch an, bei dem 6 von 179 Frauen nach den Wechseljahren, die hohe Dosen Soja-Isoflavone zu sich genommen hatten, eine Verdickung der Gebärmutterschleimhaut entwickelten. Das geschah bei keiner der 197 Frauen, die ein Placebo erhielten. „Eine Proliferation der Gebärmutter ist eine Vorstufe von Krebs", warnt Daniel; sie impliziert damit, dass diese Frauen einen Onkologen aufsuchen müssten. Sie sagt aber nicht, dass all diese Frauen die relativ gutartige, nicht-atypische Form der Verdickung der Gebärmutterschleimhaut entwickelten. Die medizinische Forschung hat gezeigt, dass diese in nur 2 Prozent der Fälle zu Gebärmutterkrebs führt – und das unterscheidet sich kaum vom generellen Krebsrisiko, das bei 1 bis 2 Prozent liegt.

1997 gab das *American Institute for Cancer Research* in Zusammenarbeit mit dem angegliederten *World Cancer Research Fund* einen wichtigen Bericht heraus: „Essen, Ernährung und die Krebsprävention: Ein globaler Ausblick". In diesem Bericht werden mehr als 4500 Studien analysiert, an seiner Erstellung wirkten mehr als 120 Autoren und Gutachter mit, darunter Mitglieder der Weltgesundheitsorganisation *WHO*, der *Organisation für Ernährung und Landwirtschaft der Vereinten Nationen*, der *Internationalen Behörde für Krebsforschung* und des *Nationalen Krebsinstituts der Vereinigten Staaten*. Im Jahr 2000 erklärte Riva Bitrum, Forschungsvorstand des *amerikanischen Krebsforschungsinstituts*, es sei ermutigend, dass „Studien übereinstimmend belegen, dass eine Sojamahlzeit am Tag das Krebsrisiko reduziert".

Natürlich weist jedes Nahrungsmittel mit so starken biologischen Eigenschaften – selbst gesundheitsfördernden – auch bei bestimmten Menschen und unter bestimmten Umständen unerwünschte Nebenwirkungen auf. Auch wenn der Verzehr von Soja insgesamt die Krebsrate senkt, weiß man noch nicht alles über seine Auswirkungen auf Frauen mit östrogen-positiven (ER+) Brusttumoren. Diese Tumoren werden durch Östrogen angeregt. Kann das auch auf die schwache östrogene Aktivität der Isoflavone im Soja zutreffen? Das weiß man noch nicht. Es gibt einige Indizien dafür, dass es der Fall sein könnte, obgleich es ebenso Indizien dafür gibt, dass der Verzehr von Soja den Östrogenstoffwechsel günstig beeinflusst, sodass es das Tumorwachstum eher weniger anregt. Nach dem *American Institute for Cancer Research* ist es für gesunde Frauen „gut, als Teil einer hauptsächlich pflanzlichen Ernährungsweise sogar zwei oder drei Portionen Soja täglich zu essen".

Bei Soja-Nahrungsergänzungsmitteln handelt es sich um etwas völlig anderes. Sojatabletten und -pulver können Isoflavonmengen (gewöhnlich Daidzein und Genistein) enthalten, die die in der Nahrung enthaltenen Mengen weit übertreffen. Die Wirkung dieser Riesendosen ist noch kaum erforscht. Es gibt noch keine stichhaltigen Indizien dafür, dass die Einnahme von Isoflavonen für Menschen schädlich ist, ebenfalls aber auch noch keine Belege dafür, dass hohe Dosen ungefährlich sind. Einige Hersteller von Soja-Eiweiß-Isolat und Nahrungsergänzungsmitteln empfehlen 100 Gramm Sojaeiweiß täglich (das entspricht etwa sieben oder acht Sojaburgern). Ich halte es für sicherer, wenn man – bis die Forschung mehr weiß – konzentrierte Soja-Nahrungsergänzungsmittel völlig meidet.

SOJA UND MINERALSTOFFAUFNAHME

Fallon und Enig beharren jedoch auf ihrer Verdammung von Soja, sie geben auch weiterhin der Bohne die Schuld. Sie haben etwas an ihrem Phytinsäuregehalt auszusetzen. „Sojabohnen enthalten sehr viel Phytinsäure", schreiben sie, „ein Stoff, der im Darm die Aufnahme essenzieller Mineralstoffe verhindert – Calcium, Magnesium, Kupfer, Eisen und insbesondere Zink. ... Vegetarier, die Tofu als Fleisch- und Milchersatz essen, riskieren einen ernsthaften Mineralstoffmangel."

Tatsächlich enthalten Sojabohnen sehr viele Phytate, das trifft aber auch auf viele andere pflanzliche Nahrungsmittel wie Bohnen, Getreide, Nüsse und Keime zu. Es stimmt ebenfalls, dass Phytate die Aufnahme essenzieller Mineralstoffe blockieren können, insbesondere von Zink. Das kann zu Problemen führen, wenn jemand riesige Mengen Soja zu sich nimmt. Doch der Phytinsäurespiegel einer stark pflanzlich ausgerichteten Ernährung, bei der mindestens dreimal täglich Soja gegessen wird, ist nicht hoch genug, um bei den meisten Menschen zu Problemen bei der Aufnahme essenzieller Mineralstoffe zu führen. Zudem wird bei der Fermentierung von Soja – wie bei Tempeh, Miso und vielen anderen Nahrungsmitteln aus Soja – der Phytatspiegel etwa auf ein Drittel der ursprünglichen Höhe verringert. Andere Zubereitungsmethoden – etwa Einweichen, Braten und Keimen – reduzieren den Phytatgehalt von Soja ebenfalls beträchtlich.

Phytate können die Mineralstoffaufnahme in einem gewissen Maße behindern, allerdings lässt sich nicht zuverlässig nachweisen, dass Vegetarier, die Soja essen, „ernsthaften Mineralstoffmangel riskieren". Selbst der Staatliche Verband der Rinderzüchter (*National Cattlemen's Beef Association*) gibt zu, dass fleischlose Ernährung völlig ausreicht. In einer offiziellen Stellungnahme haben diese Repräsentanten der Fleischindustrie erklärt: „Eine wohldurchdachte vegetarische Diät erfüllt alle Anforderungen an eine ausgewogene Ernährung."

Betrachten wir uns die Mineralien, die nach Fallon und Enig jenen fehlen, die lieber Tofu als Fleisch essen, eines nach dem anderen:

Zink: Vernünftigerweise sollten Vegetarier sehr viel zinkreiche Nahrungsmittel essen, aber gewöhnlich bewegt sich der Zinkgehalt der Haare, des Speichels und des Blutes von Vegetariern im normalen Rahmen. Zinkmangel kann besonders schwangeren Frauen schaden, aber Untersuchungen schwangerer Frauen ergeben gewöhnlich keine Unterschiede im Zinkspiegel von Vegetariern und Nichtvegetariern.

Eisen: Stark pflanzliche Ernährung enthält mehr Vitamin C, und Vitamin C erleichtert die Aufnahme von Eisen beträchtlich. Selbst wenn man also kein rotes Fleisch isst (das sehr viel Eisen enthält), und trotz der reduzierten Eisenaufnahme aufgrund der Phytate, neigen Vegetarier genauso sehr oder wenig zu Eisenmangel wie Nichtvegetarier.

Kupfer: Vegetarische Ernährung ist gemeinhin kupferhaltiger, das gleicht jede verringerte Aufnahmerate durch Phytate aus. Insbesondere Veganer nehmen beträchtlich mehr Kupfer zu sich als Fleischesser.

Magnesium: Auch wenn der höhere Phytatgehalt von Sojabohnen und Getreide die Aufnahme von Magnesium leicht reduziert, erhält man bei vegetarischer Ernährungsweise im Regelfall so viel mehr von diesem wichtigen Mineral, dass Vegetarier beständig signifikante höhere Serum-Magnesiumspiegel zeigen als Nichtvegetarier.

Calcium: Calcium aus Soja ist praktisch ebenso bioverfügbar wie Calcium aus Kuhmilch. Viele Studien haben eine Wechselbeziehung zwischen dem Verzehr von Isoflavonen aus Soja und verbesserter Knochengesundheit ergeben.

SOJA UND DIE GESUNDHEIT DER KNOCHEN

Ohne jeden Beleg behaupten Fallon und Enig, dass „Nahrungsmittel aus Soja Calcium blockieren und einen Vitamin-D-Mangel verursachen. ... Der Hauptgrund für die weite Verbreitung der Osteoporose im Westen liegt darin, dass Sojaöl statt Butter verwendet wird, das die traditionelle Quelle für Vitamin D bildet, das man für die Aufnahme von Calcium benötigt."

Man benötigt in der Tat Vitamin D für die Aufnahme von Calcium, und es ist zudem in vielerlei Weise von entscheidender Bedeutung für unsere Gesundheit. Allerdings ist seit Urzeiten das Sonnenlicht auf der Haut – und nicht Butter – unsere Hauptquelle für Vitamin D gewesen. Menschen, deren Haut dem Sonnenlicht nicht direkt ausgesetzt ist, haben tatsächlich große Schwierigkeiten, aus ihrer Nahrung ausreichend Vitamin D zu beziehen, und benötigen Nahrungsergänzungsmittel. In einem Bericht, der 1999 in *The American Journal of Clinical Nutrition* erschien, heißt es, dass bei Menschen, die zu wenig Sonnenlicht erhielten, der Vitamin D Blutspiegel erst steigt, wenn diese 4000 Einheiten Vitamin D zu sich genommen haben. Wer sich für diese Menge also auf nicht angereicherte Butter verließe, müsste täglich vier Pfund Butter essen.

Warum also ist im Westen die Osteoporose-Rate so hoch? Wir sind sesshaft geworden und ernähren uns von stark verarbeiteten Nahrungsmitteln, die sehr viel tierisches Eiweiß enthalten:

Dass tierisches Eiweiß dem Körper Calcium entzieht, wird in Kreisen der Wissenschaft längst nicht mehr bestritten. Forscher, die jüngst in 33 Ländern den Zusammenhang zwischen der Ernährungsweise und dem Auftreten von Hüftfrakturen untersuchten, ermittelten eine „wirklich phänomenale Korrelation" zwischen dem pflanzlichen Anteil der Nahrung und der Knochenstärke der betreffenden Menschen. Je mehr Pflanzen die Menschen essen (insbesondere Obst und Gemüse), desto stärker sind ihre Knochen und desto weniger Frakturen erleiden sie. Je mehr tierische Nahrung Menschen andererseits essen, desto schwächer werden ihre Knochen, desto mehr Frakturen erleiden sie.

Ähnlich kam eine im Januar 2001 in *The American Journal of Clinical Nutrition* veröffentlichte Studie zu dem Ergebnis, dass es eine dramatische Wechselbeziehung zwischen dem Verhältnis von tierischem zu pflanzlichem Eiweiß in der Nahrung älterer Frauen und ihrer Knochenschwund-Rate gab. In dieser siebenjährigen Untersuchung, die die staatlichen Gesundheitsinstitute der USA finanzierten, wurden mehr als 1000 Frauen zwischen fünfundsechzig und achtzig Jahren in drei Gruppen eingeteilt: die eine mit einem hohen Verhältnis von tierischen zu pflanzlichem Eiweiß, eine weitere im mittleren Bereich und schließlich jene mit einem geringen Verhältnis. Die Frauen in der Gruppe mit dem hohen Verhältnis erlitten dreimal so viel Knochenschwund wie die Frauen in der Gruppe mit dem niedrigen Verhältnis und fast viermal so häufig Hüftfrakturen.

Könnte das auch andere Ursachen als das Verhältnis von tierischem zu pflanzlichem Eiweiß haben? Nach der Hauptautorin der Untersuchung, Dr. Deborah Sellmeyer, Leiterin der Knochendichte-Klinik am *Medizinischen Zentrum der Universität von Kalifornien* in San Francisco, blieb das Ergebnis das gleiche, auch nachdem die Wissenschaftler Faktoren wie Alter, Gewicht, Östrogengebrauch, Tabakkonsum, Sport, Calciumeinnahme und die Gesamteiweißmenge berücksichtigt hatten. „Wir haben alle Faktoren bereinigt, die die Beziehung zwischen hohem Verzehr tierischen Eiweißes und Knochenschwund oder Frakturen beeinflussen könnten", erklärte Sellmeyer. „Doch das Ergebnis blieb gleich."

SOJA UND HERZKRANKHEITEN

Sollten die Artikel, die Fallon und Enig geschrieben haben oder die sich auf sie berufen, den Tatsachen entsprechen, dann stimmt rein gar nichts von dem, was wir je über die positiven gesundheitlichen Auswirkungen von Soja gehört haben. Wie steht es etwa um die viel gerühmte Eigenschaft von Soja (die von der *FDA* anerkannt wird), den Cholesterinspiegel zu senken? „Bei den meisten von uns", meinen Fallon und Enig, „wird sich am Cholesterinspiegel nichts ändern, wenn wir auf unser Steak verzichten und stattdessen Veggie-Burger essen."

Jemand hat einmal gesagt, dass jeder das Recht auf eine eigene Meinung, nicht aber auf eigene Tatsachen habe. Eine Analyse von achtunddreißig in *The New England Journal of Medicine* veröffentlichten Untersuchungen ergab 1995, dass der Verzehr von Soja den Cholesterinspiegel bei 89 Prozent der Untersuchungen verringerte.

Sollten Fallon und Enigs Behauptungen auch nur ein kleines bisschen Wahrheit enthalten, dann die, dass der Verzehr von Soja gewöhnlich den Cholesterinspiegel bei den Menschen, bei denen er sehr hoch ist, senkt, allerdings in weit geringerem Maße bei Menschen mit einem gesünderen Cholesterinspiegel. Aber selbst Menschen mit einem normalen Spiegel profitieren vom Genuss von Soja, das haben Dutzende von Untersuchungen ergeben, weil es das Verhältnis von HDL (gutem) zu LDL (schlechtem) Cholesterin verbessert. Dieses Verhältnis erkennt die *American Heart Association* jetzt als wichtigeren Faktor beim Herzerkrankungs-Risiko als den Gesamtcholesterinspiegel.*

2000 veröffentlichte das *Nutrition Committee of the American Heart Association* eine Erklärung in der wissenschaftlich begutachteten Zeitschrift *Circulation* mit der offiziellen Empfehlung, als Mittel der Förderung der Herzgesundheit täglich 25 Gramm oder mehr Sojaeiweiß zu sich zu nehmen. Das Sojaeiweiß sollte allerdings zusammen mit den damit verbundenen Phytochemikalien aufgenommen werden, also nicht in Form eines isolierten Sojaeiweiß-Nahrungsergänzungsmittels. Diese Empfehlung stimmt mit der Entscheidung der amerikanischen Arzneimittelbehörde *FDA* überein, dass Produkte mit Sojaeiweiß die Gesundheitsangabe tragen dürfen: „25 Gramm Sojaeiweiß am Tag als Teil einer Ernährungsweise mit wenig gesättigten Fetten und Cholesterin können das Risiko von Herzkrankheiten vermindern.“

Was sagen die Soja-Verächter dazu? Sie erklären, ein reduzierter Cholesterinspiegel, selbst wenn das ein Ergebnis der Ernährung ist, sei immer gefährlich: „Tatsächlich ist Cholesterin unser bester Freund“, schreiben sie. „Haben wir einen hohen Cholesterinspiegel im Blut, dann deshalb, weil unser Körper Cholesterin braucht. ... Bei einem Cholesterinspiegel von 300 ist das Risiko für Herzerkrankungen nicht höher als bei einem von 180.“

Diese Sicht ignoriert alles, was in den letzten dreißig Jahren medizinischer Forschung über Herzkrankheiten und Cholesterin herausgefunden worden ist. Der *Lipid Research Clinics Coronary Primary Prevention Trial* gilt beispielsweise als das am breitesten angelegte

---

* Die Überzeugung, ein hoher HDL- in Verbindung mit einem niedrigen LDL-Wert schütze das Herz, wird durch neuere Studien erschüttert (FAZ vom 30.5.2012). Anm. d. dt. Hrsg.

und teuerste Forschungsprojekt in der Geschichte der Medizin. Von der amerikanischen Bundesregierung finanziert, verschlang es in zehn Jahren systematischer Forschung über 150 Millionen Dollar. Dr. George Lundberg, der Herausgeber des *Journal of the American Medical Association*, in der die Riesenstudie erstmals veröffentlicht wurde, erklärte, sie belege eindeutig, dass selbst kleinste Veränderungen des Cholesterinspiegels zu dramatischen Veränderungen bei der Rate der Herzerkrankungen führten. Dr. Charles Glueck, der Leiter des *Lipid Research Center der Universität von Cincinnati*, eines der zwölf wichtigen Zentren, die an der Studie mitarbeiteten, bemerkte: „Jede einprozentige Senkung des Gesamtcholesterinspiegels im Blut führt zu einer zweiprozentigen Senkung des Risikos für Herzkrankheiten."

SOJA UND MISSBILDUNGEN BEI BABYS

Eine der erschreckendsten Behauptungen von Fallon und Enig und anderen Soja-Gegnern lautet, dass aufgrund der Phytoöstrogene in Nahrungsmitteln aus Soja eine vegetarische Ernährung zu Missbildungen bei Babys führe. Sie beziehen sich wiederholt auf eine im *British Journal of Urology* veröffentlichte Untersuchung, der zufolge die Babys vegetarisch lebender Mütter fünfmal so oft an *Hypospadie* litten, einer durch einen chirurgischen Eingriff korrigierbaren Missbildung des Penis. Das ist beunruhigend, dennoch sind mir keine weiteren Studien bekannt, die eine Verbindung zwischen vegetarischer Ernährung und verstärktem Auftreten von Geburtsfehlern, darunter *Hypospadie*, feststellen. Tatsächlich zeigen die meisten das Gegenteil – einen geringeren Prozentsatz missgebildeter Babys bei vegetarisch lebenden Müttern. Die Ergebnisse der Studie, falls richtig, wären also von großer Bedeutung.

Es braucht mit Sicherheit noch weitere Untersuchungen, um herauszufinden, was wirklich geschieht; nachdem ich aber die Studie im Wortlaut gelesen hatte, war ich weit weniger besorgt als nach Fallon und Enigs Zusammenfassung. Sie verschweigen nämlich, dass die Gesamtzahl der männlichen Babys vegetarisch lebender Mütter mit dieser Missbildung, die untersucht wurden, genau sieben betrug.

Es ist nicht einfach, diese isolierte kleine Untersuchung richtig einzuordnen. Ich denke, sie wirft ein Licht darauf, wie wenig wir noch über die Auswirkungen der Phytoöstrogene im Soja wissen. Aufgrund des gegenwärtigen Wissensstandes würde ich schwangeren Frauen empfehlen, nach Möglichkeit keine sojabasierten Nahrungsergänzungsmittel einzunehmen. Aber es besteht kein Grund dafür, vegetarische Ernährung oder den Konsum von Sojaprodukten während der Schwangerschaft für gefährlich zu halten.

Bei einer vegetarischen Ernährungsweise wurde immer wieder eine tiefgreifende positive Auswirkung auf Schwangerschaft und Milchbildung beobachtet, darunter auch viel geringere Mengen giftiger Substanzen, die die in der Nahrungskette höher angesiedelten Nahrungsmittel gemeinhin in höheren Konzentrationen enthalten, insbesondere Fleisch, Fisch und Milchprodukte. Ein Bericht im *New England Journal of Medicine* über die Höhe der Kontamination der menschlichen Muttermilch stellte fest, dass vegan lebende Mütter im Vergleich zur übrigen Bevölkerung allgemein deutlich geringere Mengen toxischer Chemikalien in ihrer Milch aufwiesen. Der höchste Spiegel bei den vegan lebenden Müttern war sogar geringer als der niedrigste Spiegel bei den nichtvegetarisch lebenden. Tatsächlich betrug der Kontaminationsgrad der Milch der vegetarisch lebenden Mütter nur 1 bis 2 Prozent dessen der Milch der nichtvegetarisch lebenden.

SÄUGLINGSMILCHNAHRUNG AUS SOJA

Eine weitere besorgniserregende Anschuldigung, die die Soja-Gegner vorbringen, lautet: „Ein ausschließlich mit Säuglingsmilchnahrung aus Soja gefüttertes Baby erhält eine Östrogenmenge, die (verglichen mit seinem Körpergewicht) mindestens der von vier Antibabypillen am Tag entspricht." Säuglingsnahrung aus Soja, so Fallon und Enig, sei so, als verabreiche man Babys die Pille.

Meiner Meinung nach besteht hier wirklich ein Grund zur Sorge.

Wenn ein Erwachsener jeden Tag Soja zu sich nimmt, reduziert das sein Risiko, an Brust- oder Prostatakrebs zu erkranken. Doch dieselben Phytoöstrogene, die diese Wirkung bei Erwachsenen haben, können bei Kleinkindern ganz anders wirken. „Bei Erwachsenen gelangt etwa die Hälfte der Phytoöstrogene ins Blut, wo sie sich an Östrogenrezeptoren binden, und das bekämpft den Brustkrebs", erklärt Patricia Bertron, Ernährungswissenschaftlerin und Leiterin des *Ärztekomitees für Verantwortungsvolle Medizin*. „Aber bei Babys können sich weniger als fünf 5 Prozent an Rezeptoren binden." Dies stellt also möglicherweise ein Risiko für die sexuelle Entwicklung von Säuglingen und Kleinkindern dar. Weil Milch praktisch das einzige Nahrungsmittel für Babys ist, könnte das Füttern mit Säuglingsmilchnahrung aus Soja ein Gesundheitsrisiko bedeuten.

Diese theoretischen Risiken sind äußerst beunruhigend, gegenwärtig aber sind sie rein hypothetisch, denn bislang wurden sie noch nicht nachgewiesen. Es gibt bislang keine Berichte über hormonelle Anomalien bei Kindern, die mit Säuglingsmilchnahrung aus Soja ernährt wurden – das waren allein in den vergangenen dreißig Jahren mehrere Millionen Menschen. Tatsächlich ergab eine wichtige Studie, die im August 2001 im *Journal of the American Medical Association* veröffentlicht wurde, dass mit Säuglingsmilchnahrung aus Soja gefütterte Babys ebenso gesund waren wie die mit Säuglingsmilchnahrung aus Kuhmilch ernährten. Sollten die Phytoöstrogene im Soja die Geschlechtsorgane der mit Säuglingsmilchnahrung aus Soja ernährten Babys beeinflussen, dann hätten mit Soja ernährte Kinder als Erwachsene Probleme mit den Geschlechtsorganen. Die Studie wertete die Daten von 811 Männern und Frauen im Alter zwischen zwanzig und vierunddreißig Jahren aus, die als Kinder an Studien zu Soja und Kuhmilch teilgenommen hatten. Es gab zwischen beiden Gruppen in mehr als dreißig Gesundheitsbereichen keine signifikanten Unterschiede. Die einzige Ausnahme war, dass Frauen, die als Baby Säuglingsmilchnahrung aus Soja erhalten hatten, nun (um $\frac{1}{3}$ Tag) längere Menstruationsperioden aufwiesen als die mit Säuglingsmilchnahrung aus Kuhmilch ernährten Frauen.

Die Debatte darüber, ob nun Säuglingsmilchnahrung aus Soja oder Kuhmilch besser ist, dauert also noch an. Bei beidem scheint es eigene Gefahren zu geben. Unbestreitbar haben aber Babys, die gestillt werden, beträchtliche gesundheitliche Vorteile gegenüber denen, die mit irgendeiner Art von Milchnahrung gefüttert werden.

Verglichen mit Babys, die entweder mit Säuglingsmilchnahrung aus Soja oder aus Kuhmilch ernährt werden, haben Kinder, die gestillt werden, mindestens sechs Monate lang:

o dreimal seltener Infektionen der Ohren,
o fünfmal seltener Infektionen des Harntraktes,
o fünfmal seltener ernsthafte Erkrankungen,
o siebenmal seltener Allergien und
o müssen vierzehnmal seltener ins Krankenhaus.

Die gesundheitlichen Vorteile des Stillens lassen sich praktisch nicht überbewerten. Babys, die gestillt werden,

o übergeben sich seltener,
o haben weniger Durchfall,
o leiden weniger unter Verstopfung,
o haben eine dreißigmal verringerte Wahrscheinlichkeit, am plötzlichen Kindstod zu sterben,
o haben eine zur Hälfte geringere Wahrscheinlichkeit, an Diabetes zu erkranken,
o und haben später im Durchschnitt einen um sieben Punkte höheren IQ.

Die gesundheitlichen Vorteile des Stillens halten das ganze Leben lang an. Erwachsene, die als Kind gestillt wurden,

o leiden seltener an Asthma,
o leiden seltener an Allergien,
o erkranken seltener an Diabetes,
o leiden seltener unter Hautkrankheiten, unter anderem Dermatitis,
o haben ein geringeres Herzattacken- und Schlaganfall-Risiko,

o weisen niedrigere Cholesterinspiegel auf,
o leiden seltener an *Colitis ulcerosa* (Dickdarmentzündung),
o erkranken seltener an *Morbus Crohn* und
o sind vor bestimmten chronischen Leberleiden gefeit.

Es gibt überwältigende Belege dafür, dass Stillen am besten ist. Dennoch bevorzugt Sally Fallon bei ihrem Kreuzzug gegen Soja offenbar, dass man Kleinkinder mit Kuhmilchnahrung ernährt und nicht stillt, wenn die Mutter Vegetarierin ist. Sie schreibt „Muttermilch ist dann am besten, wenn sich die Mutter so ernährt, ... dass sie während ihrer Schwangerschaft viele tierische Eiweiße und Fette zu sich nimmt und das beibehält, während sie stillt".

Warum behauptet jemand etwas Derartiges? Woher kommen diese Soja-Bekämpfer? Was wollen sie beweisen?

Fallon und Enig sind, wie Kaayla Daniel und viele der anderen federführenden Personen in der Kampagne gegen Soja, Verfechter der Philosophie, man müsse große Mengen gesättigter Fette aus tierischen Produkten zu sich nehmen, um gesund zu bleiben. Sie empfehlen, Babys mit püriertem Fleisch zu füttern. Und sie verzweifeln ob der Tatsache, dass Sojaprodukte in der amerikanischen Ernährung tierische Produkte immer stärker verdrängen.

KUHMILCH VERSUS SOJAMILCH

Einige der Teilnehmer am Kreuzzug gegen Soja, beispielsweise die amerikanische Milchindustrie, haben ohne Zweifel finanzielle Interessen. In den letzten Jahren bekämpfte die Milchindustrie vor allem die Sojamilch. Sie versuchte, in den Ernährungsempfehlungen für Amerikaner die Sojagetränke aus der Rubrik „Milch" auszuschließen. Sie verklagten Hersteller von Sojagetränken wegen der Verwendung des Wortes „Milch", das sie als Vertreter der Milchindustrie für sich in Anspruch nehmen. Sie versuchten zu erreichen, dass Sojagetränke in den Regalen der Supermärkte nicht mehr direkt neben Kuhmilch stehen. Ein Sprecher des nationalen Milcherzeugerverbands *National*

Milk Producers Federation sagte deutlich, was die Industrie so erregte: „Es handelt sich eindeutig um einen Versuch, mit Milchprodukten zu konkurrieren."

Um Himmels willen!

Mittlerweile gibt die Milchindustrie Hunderte Millionen Dollar für Anzeigen und andere Formen der Werbung aus, um die Öffentlichkeit davon zu überzeugen, dass Kuhmilch viel besser sei als Sojamilch. Beispielsweise behauptet der Verband der Molkereien: „Nicht angereicherte Sojagetränke enthalten nur die Hälfte des Phosphors, 40 Prozent des Riboflavins, 10 Prozent des Vitamins A, (und) 3 Prozent des Calciums ..., das Kuhmilch enthält."

Untersuchen wir diese Behauptungen einmal:

o *Nur die halbe Menge Phosphor:* Das klingt nicht gut. Aber über unsere Nahrung erhalten wir jede Menge Phosphor, vielleicht sogar zu viel. Die halbe Menge Phosphor verglichen mit Kuhmilch sei ein Vorteil, kein Nachteil, findet die Ernährungswissenschaftlerin Brenda Davis.

o *Nur 40 Prozent des Riboflavins:* Es stimmt, dass nicht angereicherte Sojamilch im Vergleich zu Kuhmilch nur die Hälfte dieses auch Vitamin B_2 genannten Nährstoffes enthält. Riboflavin steht jedoch in Nährhefe und grünem Blattgemüse zur Genüge zur Verfügung und kommt in vielen Nüssen, Keimen, in Vollkorn und in Hülsenfrüchten vor. Für Menschen, die ausgewogen und gesund essen, ist die Versorgung mit Riboflavin also unproblematisch. Tatsächlich nehmen Veganer (die ganz auf Milchprodukte verzichten) genauso viel oder fast genauso viel von diesem Vitamin zu sich wie Lacto-Ovo-Vegetarier und Nichtvegetarier. Ein einziger Teelöffel mit *Red Star Nutritional Yeast*-Pulver enthält ebenso viel Riboflavin (1,6 Milligramm) wie knapp ein Liter Kuhmilch.

o *Nur 10 Prozent des Vitamins A:* Vitamin A ist mehr als genug in pflanzlicher Nahrung enthalten. Wir benötigen keine Milch, um diesen Nährstoff in ausreichender Menge aufzunehmen. Tatsächlich kommt Vitamin-A-Mangel bei Menschen mit pflanzenbasierter Ernährung in Nordamerika und Europa praktisch nicht vor. Zudem enthält Kuhmilch nur deshalb so viel Vitamin A, weil es hinzugefügt wird. Es gibt keinen Grund, warum man es nicht auch anderen Getränken zugeben könnte, wenn das überhaupt von Vorteil wäre.

o *Nur 3 Prozent des Calciums:* Woher nimmt die Milchindustrie solche Zahlen? Sämtliche in den Vereinigten Staaten erhältlichen Sojagetränke enthalten weitaus mehr Calcium als die 3 Prozent, die das *Dairy Bureau*, der Verband der Molkereien, angibt. Die meisten angereicherten Drinks enthalten sogar 100 Prozent mehr. Selbst die Sojagetränke, die nicht angereichert werden, enthalten die zwei- bis neunfache Menge des Calciums, die das *Dairy Bureau* angibt.[*]

Hingegen gibt es durchaus einige Punkte im Vergleich des Nährwertes von Kuhmilch mit dem von Sojamilch, über die die Milchindustrie lieber schweigt, die aber bedenkenswert sind. Zum Beispiel:

o Kuhmilch enthält mehr als die 9-fache Menge an gesättigten Fetten wie Sojagetränke, sie trägt damit eher zu Erkrankungen des Herzens bei.

o Sojagetränke liefern mehr als 10-mal so viele essenzielle Fettsäuren wie Kuhmilch, liefern also eine gesündere Fett-Variante.

o Sojagetränke sind cholesterinfrei, Kuhmilch hingegen enthält 34 Milligramm Cholesterin pro Tasse.

o Sojagetränke senken sowohl den Gesamt- wie den LDL- („schlechten") Cholesterinspiegel, Kuhmilch dagegen erhöht den Gesamt- wie den LDL-Cholesterinspiegel.

o Sojagetränke enthalten zahllose schützende Phytochemikalien, die chronischen Erkrankungen wie Herzerkrankungen und Osteoporose vorbeugen. Kuhmilch enthält keine Phytochemikalien.

---

[*]   Hierzulande sind auch nicht angereicherte Soja-Drinks erhältlich. Anm. d. dt. Hrsg.

FRANKENSTEINS SOJA

Trotzdem gibt es auch berechtigte Fragen zu Soja. Mich beunruhigt am meisten die Tatsache, dass heute 90 Prozent der in den USA angebauten Sojapflanzen gentechnisch verändert wurden. Man hat diese Bohnen gentechnisch so manipuliert, dass sie ein Besprühen mit dem Unkrautvernichtungsgift *Roundup* der Firma *Monsanto* überleben. Weil die Pflanzen so hohe Dosen von *Roundup* erhalten, übersteigen die Restbestände in den geernteten Bohnen die – bis vor Kurzem – legal erlaubten Grenzwerte. Damit sich diese Technologie aber kommerziell rechnet, hat die *FDA* den Grenzwert für verbleibende aktive Bestandteile von *Roundup* auf das Dreifache erhöht. Viele Wissenschaftler waren damit nicht einverstanden, ihrer Ansicht nach zeigt die Anhebung des Grenzwertes, nur um einem Unternehmen geschäftlichen Erfolg zu gewährleisten, wie sehr bereits Unternehmensinteressen für wichtiger gehalten werden als die Sicherheit der Allgemeinheit. Dennoch sind die höheren Grenzwerte nach wie vor in Kraft.

Obwohl zahllose Tierversuche deutlich gezeigt haben, dass *Roundup* Fortpflanzungsstörungen und Missbildungen verursacht, weiß man noch wenig über die Folgen für den Menschen. Eine französische Laborstudie aus dem Jahr 2005 ergab allerdings, dass *Roundup* zum Absterben menschlicher Plazentazellen führt. Und eine Untersuchung aus dem Jahr 2009 fand heraus, dass *Roundup* innerhalb von 24 Stunden zum völligen Zellsterben in der Nabelschnur beim Embryo und in der Plazenta führt.

Der Verdacht, dass der Verzehr genmanipulierter Sojabohnen ein Gesundheitsrisiko darstellt, lässt sich also nicht ausräumen. 2001 enthüllte die *The Los Angeles Times*, dass die Forschungsabteilung von *Monsanto* selbst – bevor die Firma die Freigabe durch die *FDA* erhielt – viele Fragen nach der Sicherheit der *Roundup Ready*-Sojabohnen hatte. Erstaunlicherweise verlangte die *FDA* keine weiteren Versuche, bevor sie es möglich machte, dass diese Sojabohnen den Markt überschwemmten. Da es sich bei 90 Prozent aller heute in den USA angebauten Sojabohnen um *Roundup Ready* von *Monsanto* handelt und weil Soja in einem so breiten Spektrum weiterverarbeiteter Lebensmittel enthalten ist, essen mehrere Millionen Menschen jeden Tag unwissentlich diese wissenschaftlich höchst unzulänglich erforschen Nahrungsmittel. Es handelt sich um ein Massenexperiment ganz ohne Kontrollgruppe. Es werden keine systematischen Daten erhoben, und die gesamte Menschheit dient als Versuchskaninchen.

Nach den eigenen Versuchen von *Monsanto* enthalten *Roundup Ready*-Sojabohnen 29 Prozent weniger von dem Gehirnnährstoff Cholin und 27 Prozent mehr Trypsinhemmer (ein potenzielles Allergen, das die Eiweißverdauung beeinflusst) als normale Sojabohnen. Sojaprodukte werden aufgrund ihres Gehalts an Phytoöstrogenen häufig verschrieben' und eingenommen, doch haben nach Versuchen, die von der Firma selbst durchgeführt wurden, die gentechnisch veränderten Sojabohnen geringere Anteile an Phenylalanin, einer essenziellen Aminosäure, die sich auf den Phytoöstrogenspiegel auswirkt. Und die Lektinwerte, die vermutlich Sojaallergien auslösen, sind in der genmanipulierten Variante fast doppelt so hoch.

Verglichen mit normalen Sojabohnen enthalten die gentechnisch veränderten mehr von genau den Stoffen, die man für problematisch hält, und weniger von denen, die gesundheitsfördernd wirken. Zudem mehren sich die Indizien dafür, dass *Roundup Ready*-Sojabohnen die menschliche Darmflora beeinträchtigen.

2011 unterrichtete einer der führenden Wissenschaftler der USA, Dr. Don Huber, emeritierter Professor an der *Purdue University*, den amerikanischen Landwirtschaftsminister Tom Vilsack über eine bedenkliche neue Entwicklung. Ein neues Pathogen war entdeckt worden, das möglicherweise Pflanzen wie Tieren bereits irreparablen Schaden zufügt. Dr. Huber meldete Vilsack:

Es ist weit verbreitet, sehr gefährlich und in Roundup Ready-*Sojabohnen und Mais in hohen Konzentrationen enthalten. ... Es könnte zu einem Kollaps des amerikanischen Soja- und Maisexports führen und die Binnenversorgung mit Nahrungs- und Fut-*

termitteln empfindlich stören. ... In den letzten 40 Jahren bin ich als Wissenschaftler für Zivil- und Militärbehörden tätig gewesen, die natur- und menschengemachte Katastrophen evaluierten und sich auf sie vorbereiteten, darunter biologische Kriegsführung und Epidemien. Aufgrund dieser Erfahrung glaube ich, dass die von diesem Pathogen ausgehende Gefährdung einzigartig ist und einen hohen Risikostatus aufweist. Laienhaft ausgedrückt handelt es sich ... um einen Notfall.

In Anbetracht der Tatsache, dass praktisch alle amerikanischen Fleischrinder, Milchkühe und Schweine mit *Roundup Ready*-Soja gefüttert werden, fuhr Huber fort:

Das Pathogen könnte die eskalierende Häufigkeit von Unfruchtbarkeit und spontanen Fehlgeburten der letzten Jahre in der amerikanischen Rinder-, Milch-, Schweine- und Pferdezucht erklären. Dazu gehören jüngste Berichte über Unfruchtbarkeitsraten bei Milchfärsen von über 20 Prozent und spontane Fehlgeburten bei Rindern in Höhe von 45 Prozent ...

Es ist gut belegt, dass [Roundups aktiver Hauptbestandteil] Glyphosat Pathogene im Erdboden anregt und bereits als Verursacher des Anstiegs von über 40 Pflanzenerkrankungen gilt; er schwächt die Abwehrkräfte der Pflanzen durch Chelatbildung um lebenswichtige Nährstoffe und reduziert die Bioverfügbarkeit von Nährstoffen im Futter, was bei den Tieren wiederum zu gesundheitlichen Störungen führt ...

Ich habe mehr als 50 Jahre lang Pflanzenpathogene untersucht. Heute sehen wir einen nie zuvor gewesenen Trend zunehmender Pflanzen- und Tierkrankheiten. Dieses Pathogen mag ursächlich zum Verständnis und zur Behebung des Problems sein. Es bedarf sofortiger Aufmerksamkeit mit beträchtlichen finanziellen Mitteln, damit unsere lebenswichtige landwirtschaftliche Industrie nicht zusammenbricht.

Es gibt eine sehr reale Gefahr in der Welt des Soja, aber es ist nicht die, die uns die Anti-Soja-Front weismachen möchte. Ihre Vertreter haben die Öffentlichkeit irregeführt, als sie verkündeten, Soja sei gefährlich für unsere Gesundheit, und haben dabei die wirkliche Gefahr übersehen. Heute werden in den USA praktisch ausschließlich *Roundup Ready*-Sojabohnen von *Monsanto* angebaut.

Und darin liegt das vielleicht stärkste Argument für Bio-Produkte: Die einzige Möglichkeit sicherzustellen, dass man keine Nahrungsmittel aus *Roundup Ready*-Soja isst, besteht darin, auf dem biologischen Anbau zu beharren.*

SOJA ODER LIEBER KEIN SOJA?

Sojaprodukte bieten in der Tat sehr viel, man muss aber zugeben, dass es mit der Werbung in der Vergangenheit teilweise auch übertrieben wurde. Eine Folge davon ist, dass manche Menschen glauben, sie müssten nur genug Soja essen, dann brauchten sie bei der übrigen Ernährung und ihrem Lebensstil nichts zu ändern. Das ist natürlich ein gefährlicher Irrtum. So wie Vitamine keine Mangelernährung ausgleichen können, so vermag auch Soja eine sonst schlechte Ernährungsweise nicht wiedergutzumachen. Auch kann Soja weder Sport ersetzen noch andere schlechte Lebensgewohnheiten ausgleichen.

Durch den Medienrummel ist aber noch etwas anderes Wichtiges vergessen worden. Heute essen wir Sojaprodukte in einem zuvor noch nie gekannten Ausmaß. Die Fortschritte in der Lebensmitteltechnologie haben es möglich gemacht, Sojaeiweiße, Isoflavone und andere Inhaltsstoffe der Bohne zu isolieren und diese allen möglichen Arten von Lebensmitteln zuzusetzen, die sie von Natur aus nicht enthalten. Die Zahl der verarbeiteten und Fertiglebensmittel, die Sojainhaltsstoffe

---

* In der EU dürfen mehrere gentechnisch veränderte Sojasorten – kennzeichnungspflichtig – als Futter- und Lebensmittel genutzt werden. Der Anbau ist verboten. Anm. d. dt. Hrsg.

enthalten, ist heute schon erstaunlich. Es ist bereits nicht einfach, Lebensmittel zu finden, denen kein Sojamehl, Sojaöl, Lecithin (das aus Sojaöl extrahiert wird und als Emulsion in stark fetthaltigen Produkten verwendet wird), sojaeiweißbasiertes Isolat und Konzentrat, texturiertes Pflanzenprotein, hydrolysiertes Pflanzenprotein (gemeinhin aus Soja) oder undeklariertes Pflanzenöl beigemischt wurde. Bei dem meisten sogenannten Pflanzenöl, das in den USA erhältlich ist, handelt es sich tatsächlich um Sojaöl. Und die meisten unserer Sojaprodukte stammen heute von gentechnisch veränderten Pflanzen.

So etwas hat es in der Menschheitsgeschichte noch nie gegeben. Dieses Experiment sollte höchstens, wenn überhaupt, mit der größten Demut, Achtsamkeit und Sorgfalt durchgeführt werden. Stattdessen sind wir aufgrund eines fast mystischen Glaubens an die Wunderkräfte von Soja Opfer einer Täuschung geworden, die die amerikanische Kultur in vielerlei Form prägt – der Täuschung, dass, wenn ein wenig uns nützt, viel davon noch besser sei.

Andererseits erzählt uns die Anti-Soja-Kampagne, schon das kleinste Quäntchen Soja sei zu viel. Es stimmt, dass Soja Stoffe enthält, die – in zu hoher Konzentration gegessen – Probleme verursachen können. Tatsächlich trifft das aber auf alle Nahrungsmittel zu. Wollte man keinerlei Nahrungsmittel zu sich nehmen, die Stoffe enthalten, die in ausreichender Konzentration Schäden verursachen, müsste man verhungern. Denn solche gibt es nicht.

Es stimmt, dass Sojabohnen Bestandteile enthalten, die bei übermäßigem Verzehr schädlich sein können. Daraus allerdings zu folgern, wie manche das tun, dass der Verzehr von Soja ein Gesundheitsrisiko darstelle, verzerrt die Beweislage. Es ist gefährlich, sich ausschließlich von Sojabohnen zu ernähren. Aber dasselbe trifft auch auf Brokkoli und andere gesunde Nahrungsmittel zu. Deshalb ist es auch so wichtig, sich abwechslungsreich zu ernähren. Die Vielfalt schützt. Für die meisten Menschen und unter ziemlich allen Bedingungen stellen Sojaprodukte eine sinnvolle und gesunde Ergänzung bei einer ausgewogenen Ernährung mit viel Gemüse, Vollkorn, Keimen und anderen Hülsenfrüchten dar. Für die meisten Menschen bedeutete es eine der gesündesten Ernährungsumstellungen überhaupt, würden sie einige der tierischen Produkte, die sie derzeit essen, durch Sojaprodukte ersetzen. Meiner Ansicht nach profitiert man am stärksten von den gesundheitlichen Vorteilen von Soja, wenn man dem Vorbild der traditionellen asiatischen Ernährungsweise folgt. Im Allgemeinen sind Asiaten, die sich traditionell ernähren, gesünder und leben länger als Amerikaner. Die Japaner auf Okinawa, die Bevölkerung mit der höchsten Lebenserwartung der Welt, nehmen am Tag durchschnittlich zwei Portionen Soja zu sich. Traditionell essen sie regelmäßig, aber mäßig, Vollsojalebensmittel wie Tofu, Sojamilch und Edamame wie auch fermentiertes Soja als Tamari und Miso. Das sind auch meine Lieblingssojalebensmittel – besser als die Produkte, die mit Sojaeiweiß-Isolat und -konzentrat, hydrolisiertem Sojaeiweiß, teilweise hydrogenisiertem Sojaöl usw. hergestellt werden. Vollsojalebensmittel sind natürlicher. Es sind auch genau die Sojalebensmittel, von denen sich ganze Kulturen seit Jahrhunderten ernähren.

Meiner Ansicht nach ist das Beste aus der Bohne Folgendes:

Tofu: Das Einweichen, durch das man gewöhnlich Tofu herstellt, reduziert die Trypsinhemmer und Phytate. Tofu enthält viel Eiweiß und schmeckt eher fad und neutral, es kann vielen anderen Nahrungsmitteln zugefügt werden. Wie bei allen Sojaprodukten sollte man auf Bio-Qualität achten.

Tempeh: Tempeh enthält sehr viel Eiweiß und Ballaststoffe und wird so hergestellt, dass die Trypsinhemmer und Phytate stark reduziert werden. Aus ernährungswissenschaftlicher Sicht ist es die beste Art, Sojabohnen zu essen. Die meisten Menschen finden allerdings, dass man es stark würzen muss, damit es nach etwas schmeckt.

Miso: Es wird häufig als salziges Würzmittel genutzt und als Grundlage für Suppen. Miso wirkt stark probiotisch, es enthält viele nützliche Bakterien, die zu der Verdauung beitragen. Der Fermentierungsprozess bei der Misoherstellung deaktiviert die Trypsinhemmer und Phytate.

Tamari (Shoyu): Eine fermentierte Sojasoße, die sehr kräftig und salzig schmeckt.

Sojamilch: Oft auch Sojagetränk oder Sojadrink genannt, weil die Milchindustrie nicht erlaubt, dass das Wort „Milch" verwendet wird, enthält nur wenig Trypsinhemmer und Phytat. Ich bevorzuge Produkte aus ganzen Sojabohnen und meide die aus Sojaeiweiß oder Sojamilchpulver. (Es gibt auch aus Reis, Mandeln und Hafer gefertigte Milch, die ebenfalls gegenüber Kuhmilch zu bevorzugen ist.)

Sojanüsse und Sojanussbutter: Viele Kinder lieben sie. Röstet man sie, verringert man ihren Phytatgehalt.

Edamame: Diese grüne Gemüse-Sojabohne wird unreif geerntet, wenn die Samen die Hülsen erst zu 80 bis 90 Prozent ausfüllen. Sie wird etwa fünfzehn Minuten in leicht gesalzenem Wasser gekocht und gemeinsam mit Gemüse als Snack serviert oder Salaten und Suppen beigefügt.

Soja-Eiscreme (nicht-milchbasierter, gefrorener Nachtisch): Genau genommen gehört das nicht wirklich zu den gesunden Arten, Soja zu essen, aber ich gebe eine Schwäche dafür zu. Ich genieße das aus Bio-Bohnen und/oder aus Bio-Sojamilch, nicht die Sorten (wie Tofutti) aus Sojaeiweiß oder Sojaeiweiß-Isolat. (Es gibt auch Eisdesserts aus Kokosnussmilch und anderen pflanzlichen Lebensmitteln, die gegenüber solchen aus Kuhmilch zu bevorzugen sind.)

EIN MITTELWEG

Gentechnisch veränderte Sojabohnen stellen ein Problem ohne historischen Vergleich dar und sind der beste Grund für Bio-Produkte. Selbst wenn man nun Bio-Soja isst, zum Soja-Junkie wird oder alles herunterschlingt, wenn es nur aus Soja hergestellt wurde, wird man dadurch nicht automatisch gesünder. Aber ebenso wenig dienlich ist die allgemeine Verdammung von Sojaprodukten.

Die Kampagne gegen Soja hat vielen unnötigerweise Angst vor einem Lebensmittel eingejagt, das schon lange ein Segen für die Menschheit ist – eine Quelle von Nahrungsmitteln, die – wenn wir unseren Körper und die Natur mit Respekt behandeln – uns in vielerlei Weise nützt und hilft.

5

Verursacht Soja Alzheimer?

E s gibt einen weiteren Einwand gegen Soja, der genau untersucht werden muss. Vielleicht haben Sie schon Schlagzeilen gelesen wie „Tofu lässt Hirn schrumpfen" oder irgendwo gehört, dass Soja die Ursache für Alzheimer sei. Diese sensationellen Behauptungen tauchten im April 2000 auf, als eine Studie im *Journal of the American College of Nutrition* veröffentlicht wurde.

Sie wurde auf Hawaii von Dr. Lon White und seinen Mitarbeitern durchgeführt und bildete einen Abschnitt der Honolulu-Herzstudie. Die Forscher untersuchten die Ernährungsweise und das Demenzrisiko auf Hawaii lebender japanischer Männer und fanden heraus, dass jene, die in ihren Mittvierzigern bis Mittsechzigern das meiste Tofu zu sich nahmen, im Alter eher an Demenz und Alzheimer erkrankten.

Es gab eine starke Korrelation zwischen dem Tofuverzehr und der Abnahme der kognitiven Fähigkeiten, die auch nicht durch Störvariablen wie Alter, Erziehung oder Fettleibigkeit erklärt werden konnte. Die Untersuchung ergab, dass Männer, die in ihren mittleren Lebensjahren ein oder zwei Portionen Tofu pro Woche gegessen hatten, mit einer 2,4-mal höheren Wahrscheinlichkeit im hohen Alter senil oder vergesslich wurden als Männer, die selten oder nie Tofu zu sich genommen hatten. Selbst die Ehefrauen der Tofu essenden Männer zeigten eher Anzeichen von Demenz.

Das war verblüffend und völlig unerwartet. Es hat sich wiederholt gezeigt, dass Soja den Cholesterinspiegel senkt, und hohe Cholesterinspiegel sind einer der Faktoren für ein erhöhtes Alzheimerrisiko.

Für Sojaesser war das eine furchtbare Nachricht. Falls man nicht mehr weiß, sieht es also schlecht aus für Soja.

Aber wir wissen mehr. Wir wissen beispielsweise auch, dass die Demenzrate in Asien, wo man viel Soja isst, geringer ist als in den

Staaten des Westens. Wir wissen, dass der japanische Lebensstil mit hohem Sojaverzehr seit Langem schon mit längerer Lebensdauer und besseren geistigen Leistungen im Alter in Zusammenhang gebracht wird. Wir wissen zudem, dass die Siebenten-Tags-Adventisten, von denen viele ihr ganzes Leben lang Soja essen, im Alter seltener Demenz aufweisen als die Bevölkerung als Ganzes.

Sollte der Verzehr von Tofu tatsächlich zu vermehrtem Auftreten von Alzheimer führen, müsste es in Japan häufiger Alzheimer geben als auf Hawaii, weil Tofu in Japan häufiger gegessen wird. Und doch ist das Gegenteil der Fall.

Was also könnte die Ursache dieser mysteriösen Ergebnisse sein?

Bei Menschen, die an Alzheimer erkranken, finden sich normalerweise höhere Mengen an Aluminium im Gehirn. Viele Studien belegen eine Verbindung zwischen erhöhten Aluminiummengen und dem Risiko, an Alzheimer zu erkranken. Höhere Aluminiumanteile im Trinkwasser führen normalerweise zu einem häufigeren Auftreten der Krankheit. Als ein auf Hawaii praktizierender Arzt, Bill Harris, in der Folge auf Hawaii und auf dem amerikanischen Festland erzeugte Sojaprodukte analysieren und auf ihren Aluminiumgehalt untersuchen ließ, stellte sich heraus, dass die Produkte aus Hawaii viel mehr Aluminium enthielten. Könnte das bei der Raffinierung der Sojaprodukte auf Hawaii verwendete Aluminium die eigentliche Ursache sein? Soweit ich weiß, gibt es keine weitere Studie, die einen Zusammenhang zwischen dem Verzehr von Soja und Alzheimer nahelegt. Hingegen wird in zahlreichen Studien eine Verbindung zwischen Aluminium und der Krankheit festgestellt.

Zudem weist die Honolulu-Herzstudie einige bedeutende Einschränkungen auf. Es gibt viele Faktoren bei der Lebensführung, die nicht berücksichtigt wurden. Die an der Studie beteiligten Forscher gaben bereitwillig zu, dass es sich bei Tofu möglicherweise nur um einen Marker für andere Faktoren handelt, der sich negativ auf die kognitiven Fähigkeiten auswirkt. Damit würde Tofu zu einem unbeteiligten Zuschauer. Die Ergebnisse zahlreicher anderer Untersuchungen machen das wahrscheinlich.

Mehrere klinische Studien belegen, dass die kognitiven Fähigkeiten durch Soja (und Isoflavone aus Soja) tatsächlich gefördert werden. Bei einer 2001 in der Fachzeitschrift *Psychopharmacology* publizierten Studie aßen junge erwachsene Männer und Frauen eine Kost mit sehr viel Soja und verbesserten damit ihr Kurz- und Langzeitgedächtnis und die Flexibilität ihrer Erinnerungen. Andere Studien haben ergeben, dass Isoflavon-Zusätze aus Soja bei Frauen nach den Wechseljahren zu einer Verbesserung der kognitiven Fähigkeiten führen.

Auch wenn die Honolulu-Studie Anlass zur Sorge gibt, ist sie dennoch ein Ausreißer. In den zehn Jahren, die seit ihrer Veröffentlichung vergangen sind, hat keine weitere Langzeitstudie bestätigt, dass es eine Verbindung zwischen Soja und Demenz gibt. Stattdessen haben in dieser Zeit mehrere klinische Versuche gezeigt, dass Soja das Erinnerungsvermögen und andere kognitive Funktionen verbessert.

Mittlerweile deutet eine stetig wachsende Zahl von Studien darauf hin, dass sich eine ganze Reihe praktischer und belegbarer Schritte unternehmen lassen, um das Alzheimerrisiko zu senken und dazu beizutragen, bis ins hohe Alter hinein geistig fit und aktiv zu bleiben.

Welche Schritte sind das? Lassen Sie es uns herausfinden.

SPORT – VIEL WICHTIGER, ALS SIE DENKEN

Vermutlich überrascht es Sie, dass zahllose Untersuchungen belegt haben, wie wichtig regelmäßige körperliche Ertüchtigung bei der Alzheimerprävention ist. Beispielsweise zeigte eine im März 2001 in den *Archives of Neurology* veröffentlichte Untersuchung, dass die aktivsten Menschen nur ein halb so großes Risiko hatten wie inaktive, an Alzheimer zu erkranken; sie litten auch auffallend seltener an anderen Formen der Demenz oder geistigen Beeinträchtigungen. Selbst jene, die nur Sport mit leichter oder mittlerer Belastung ausübten, verringerten ihr Alzheimerrisiko und das Risiko anderer Formen des geistigen Abbaus beträchtlich. Die Studie schloss, dass das Gehirn beim Altern umso gesünder bleibt, je mehr Sport man treibt.

Drei Jahre später, im September 2004, veröffentlichte das *Journal of the American Medical Association* eine Reihe von Studien, die zusätzlich bestätigten, dass regelmäßige körperliche Betätigung auch bei fortgeschrittenem Alter das klare Denken erhält. Eine Studie ergab, dass Frauen über sechzig, die sich körperlich stärker betätigten, kognitive Tests besser bestanden und weniger geistigen Verfall zeigten als weniger aktive Frauen. Selbst ein zweistündiger gemütlicher Spaziergang pro Woche verbesserte bereits die Gesundheit. Allerdings stellte man den besten Nutzen bei Frauen fest, die jede Woche sechs Stunden spazieren gingen. Eine andere Studie ergab, dass ältere Männer, die am Tag etwa drei Kilometer spazieren gehen, nur halb so oft an Demenz erkranken als die, die am Tag weniger als 500 Meter zu Fuß zurücklegten.

Zwei Jahre später ergab eine in den *Annals of Internal Medicine* veröffentlichte Studie, dass ältere Erwachsene, die dreimal pro Woche oder häufiger Sport treiben, ein um 30 bis 40 Prozent geringeres Risiko haben, an Demenz zu erkranken, als ihre „fauleren" Altersgenossen.

DER UNERWARTETE NUTZEN EINER ÜBERWIEGEND PFLANZLICHEN ERNÄHRUNGSWEISE

In der Zwischenzeit meldet eine Vielzahl von Studien, dass es etwas gibt, das bei der Prävention von Alzheimer noch wichtiger ist als Sport. Und dabei handelt es sich – jetzt bitte einen Trommelwirbel – um eine Ernährung hauptsächlich aus pflanzlichen Lebensmitteln.

Warum? Dafür gibt es viele Gründe. Einer davon ist, dass eine pflanzenbasierte Ernährung viele Antioxidantien zur Verfügung stellt. Antioxidantien halten jung und gesund, weil sie das Immunsystem stärken, das Infektions- und Krebsrisiko vermindern und – das ist am wichtigsten – vor Schäden durch freie Radikale schützen. Freie Radikale sind Zellbanditen, die eine maßgebliche Rolle beim Alterungsprozess spielen. Sie schädigen so ziemlich jedes Organ und System im alternden Körper. Das bereitet den Boden für viele degenerative Krankheiten, darunter Alzheimer. Antioxidantien tragen zur Vorbeugung dieser Schäden bei, indem sie freie Radikale neutralisieren.

Antioxidantien sind in frischem Gemüse, in Vollkorn, in frischem Obst und in Hülsenfrüchten wie Soja enthalten. Nehmen wir mit unserer Nahrung viele Antioxidantien auf, dann vermindert sich unser Risiko, an altersbezogenen Krankheiten zu leiden – darunter Demenz, Krebs, Herzerkrankungen, Makuladegeneration und Katarakt.

Ein weiterer Grund für die präventive Wirkung einer pflanzenbasierten Ernährung gegen Alzheimer besteht darin, dass sie uns schlank bleiben lässt. Warum ist das von Bedeutung? 2004 berichtete Dr. Miia Kivipelto vom *Karolinska Institut* in Schweden auf einer internationalen Alzheimerkonferenz in Philadelphia über seine 21 Jahre dauernde Studie, deren Ergebnis war, dass Menschen, die im mittleren Alter fettleibig waren, doppelt so häufig im Laufe des Alterns an Demenz litten wie Normalgewichtige. Jene mit erhöhten Cholesterinwerten und hohem Blutdruck in den mittleren Jahren hatten ein sechsmal höheres Demenzrisiko.

Pflanzenbasierte Ernährung lässt Sie auch im Alter länger geistig klar bleiben, weil sie die Homocysteinwerte niedrig hält. Homocystein ist eine giftige Aminosäure, ein Abfallprodukt des Eiweißstoffwechsels, die als Co-Faktor bei Alzheimer und bei Herzanfällen, Schlaganfällen, Depression und einer Art der Erblindung gilt. Selbst ein sehr geringer Anstieg des Homocysteins erhöht das Risiko für diese Erkrankungen signifikant.

Die Homocysteinwerte im Blut sind bei Menschen gewöhnlich höher, die sehr viel Fleisch und nur wenig Blattgemüse, Vollkorn, Hülsenfrüchte und Obst essen. Eine pflanzenbasierte Ernährung liefert Folsäure und andere B-Vitamine, die im Körper zum Homocystein-Abbau beitragen.

Eine Studie ergab, dass Alzheimer bei Menschen mit Folsäurewerten, die im unteren Drittel des Spektrums lagen, 3,3-mal häufiger auftrat und 4,3-mal häufiger bei den Menschen mit den niedrigsten Vitamin-B_{12}-Spiegeln.

2001 veröffentlichte die Fachzeitschrift „Neurology" die Ergebnisse einer dreijährigen schwedischen Untersuchung an 370 gesunden älteren Menschen, der zufolge Menschen selbst mit leicht verringerten Vitamin-B$_{12}$- und Folsäurespiegeln ein doppelt so hohes Risiko hatten, an Alzheimer zu erkranken, als jene mit normalen Werten.

Folsäure und die B-Vitamine sind deshalb so wichtig, weil sie den Homocysteinspiegel niedrig halten. Am 18. Oktober 1998 trugen Dr. David Smith und seine Forscherkollegen von der Universität Oxford ihre Ergebnisse auf der alljährlichen Wissenschaftsjournalistenkonferenz der *American Medical Association* vor. Ihre im darauffolgenden Monat in den *Archives of Neurology* veröffentlichte Studie hatte ergeben, dass das Risiko, an Alzheimer zu erkranken, 4,5-mal größer war, wenn der Homocysteinspiegel im Blut im oberen Drittel lag.

Eine im *Journal of Neurology, Neurosurgery and Psychiatry* im Jahre 2004 veröffentlichte Untersuchung an 3000 Bewohnern Chicagos, die fünfundsechzig oder älter waren, zeigte, dass jene, die am wenigsten Niacin (Vitamin B$_3$) mit der Nahrung zu sich nahmen, ein um 70 Prozent höheres Risiko aufwiesen, an Alzheimer zu erkranken, als jene, die mehr davon zu sich nahmen, und dass sie auch doppelt so schnell geistig abbauten. Die Botschaft ist also klar: Esst mehr Salat und Gemüse! Die besten Quellen für Niacin sind dunkle Blattgemüse.

Vor allem Veganer sollten wissen, dass Folsäure ausreichende Vitamin-B$_{12}$-Werte benötigt, um wirksam zu werden. Zu den häufigsten Quellen von Vitamin B$_{12}$ gehören bei Veganern Nahrungsergänzungsmittel (eines, das schmeckt, kostet nur wenige Cents pro Woche) sowie mit Vitaminen, Mineralstoffen oder Spurenelementen angereicherte Lebensmittel wie Sojamilch* und Nährhefe.

Allerdings haben Fleischesser das höchste Risiko für erhöhte Homocystein-Werte, weil tierische Nahrungsmittel (besonders Fleisch) gewöhnlich zur Bildung von Homocystein beitragen. Eine Untersuchung

---

*   Es gibt sie hierzulande nicht angereichert. Anm. d. dt. Hrsg.

ergab, dass Menschen, für die Fleisch die Haupteiweißquelle ist, dreimal so häufig dement wurden wie die sich vegetarisch ernährende Vergleichsgruppe. Eine Untersuchung der medizinischen Literatur auf Ernährungsweisen und Alzheimer stellte fest, dass eine Ernährung, bei der Fleisch im Mittelpunkt steht, häufig die Homocystein-Werte anhebt. Der Bericht war treffend mit „Auf Kosten eines Burgers dement werden" betitelt.

In unserer Gesellschaft nehmen wir es allzu oft hin, dass ein höheres Alter automatisch mit einem mangelnden Kurzzeitgedächtnis und mit verminderten geistigen Leistungen einhergeht. Man muss nur ein ganz normales Pflegeheim besuchen, um festzustellen, wie häufig – und wie drastisch – Menschen in unserer Gesellschaft im Alter einen Verlust ihrer kognitiven Fähigkeiten erleiden.

Dennoch konnte wissenschaftlich belegt werden, dass wir bis ins hohe Alter unsere geistigen Fähigkeiten behalten können. Und es hat sich gezeigt, dass nicht der Verzehr von Soja, sondern im Gegenteil die typisch westliche Ernährung mit vielen gesättigten Fetten – mit wenig Gemüse und Obst und Vollkorn und daher auch wenig gehirnerhaltenden Antioxidantien – die Hauptursache für die gesundheitlichen Schäden ist, die wir bei alten Menschen zu oft antreffen.

Wenn man sich bewusst ernährt, regelmäßig Sport treibt und es lernt, jeden kostbaren Augenblick des Lebens zu genießen, wird man voraussichtlich nicht zu den Menschen gehören, die später jammern: „Hätte ich doch nur gewusst, dass ich so alt werde, dann hätte ich besser auf mich aufgepasst."

6

Es geht nicht um die Kleidergröße, sondern um die Gesundheit! – Adipositas und Ernährung

Als Gesellschaft können wir erstaunlich bösartig zu dicken Menschen sein. Es mag sich um kreative, fürsorgliche und sogar recht frohe Menschen handeln, aber wir nehmen das nicht wahr. Für uns sind sie einfach nur fett.

Was aber sagt das über uns aus, wenn wir so tun, als ließe sich der Charakter eines Menschen an der Größe seines Badeanzugs ablesen?

Vielleicht erklärt das, warum es außerhalb von Phoenix in Arizona ein bei Fettleibigen äußerst populäres Restaurant gibt, das sich allen Ernstes *Heart Attack Grill* – Herzanfall-Grill – nennt. Das Restaurant mit 100 Sitzplätzen ist oft zum Bersten voll. Es bietet, was sein Betreiber Jon Basso „eine Atmosphäre der Akzeptanz für Kunden mit Übergewicht, die sonst in unserer Gesellschaft verteufelt werden" nennt.

In diesem Restaurant findet man allerdings mehr als nur Akzeptanz. Der *Heart Attack Grill* feiert im wahrsten Sinne des Wortes die Adipositas. Besucher, die mehr als 158 Kilogramm wiegen, brauchen ihr Essen nicht zu bezahlen. In der Mitte des Restaurants steht eine Waage, damit die anderen Gäste das Wiegen von ihren Plätzen aus sehen können. Wiegen Gäste mehr als 158 Kilo, dann – so der Besitzer des Restaurants – „klatschen die anderen Gäste Beifall und beglückwünschen sie. Sie lachen und werden endlich so akzeptiert, wie sie sind. Hier hänselt man sie nicht."

Es soll auch alles sexy wirken. Die Kellnerinnen, natürlich sämtlich jung und gertenschlank, tragen knappste Krankenschwester-Kostüme, High Heels, Strapse und offenherzige Dekolletees.

Klingt lustig.

Ist es aber nicht. 2011 starb der 260-Kilo-Werbemann für den *Heart Attack Grill*, der 29-jährige Blair River – allerdings nicht an einer Herzattacke, sondern an Lungenentzündung. Er war die Werbe-Ikone des Restaurants gewesen, aber auch alleinerziehender Vater einer fünf Jahre alten Tochter. Natürlich musste Blair River seine Mahlzeiten im Restaurant nie bezahlen. Er wog ja 260 Kilo.

Der Besitzer des *Heart Attack Grill*, Jon Basso, bestritt gar nicht, dass der tragische und frühzeitige Tod des jungen Mannes mit seinem zu hohen Gewicht zusammenhing. „Ich hatte ihn angestellt, damit er Werbung für mein Essen machte", erklärte Basso, „[aber er] lebte nur so kurz, weil er übergewichtig war." Ironischerweise steht sein Laden unter dem Motto: „Essen, für das Sie sterben wollen".

Natürlich wird niemand dazu gezwungen, im *Heart Attack Grill* zu essen oder sich mit ungesundem Essen zu mästen. Wir leben in einem freien Land – zumindest theoretisch – und haben die Freiheit, uns zu Tode zu fressen.

Man kann der Ansicht sein, dass der *Heart Attack Grill* eine Grenze überschreitet, indem er eine gefährliche Fresssucht zulässt. Die Speisekarte enthält mit Sicherheit nichts Gesundes. Die Gäste können Zigaretten kaufen, aber nur filterlose. An den Wänden hängen Werbeposter für Speisen wie den „Vierfachen Bypass-Burger" mit 8000 Kalorien und „Flatliner-Pommes", benannt nach dem Film über Nahtod-Experimente, die in reinem Schweineschmalz frittiert werden. Vielleicht im Scherz meint der Besitzer Basso: „Wir stehen an vorderster Front im Kampf gegen die Magersucht."

Und doch ist Blair Rivers Tod kein Witz. Und es wäre ein Fehler, die medizinischen Auswirkungen der Adipositas auf die leichte Schulter zu nehmen. Die amerikanische Gesundheitsbehörde *CDC* erklärt, dass übergewichtige Menschen ein erheblich erhöhtes Risiko nicht nur für Herzanfälle, sondern auch für Diabetes, die meisten Krebsarten sowie viele andere kardiovaskuläre Erkrankungen tragen.

Blairs Tod ist für den Besitzer des *Heart Attack Grill* kein Grund, irgendetwas zu ändern. Nach wie vor bringen leicht bekleidete Kellnerinnen die Gäste dazu, immer mehr und mehr zu essen. Er verdient damit Geld und findet, dass sein Restaurant Spaß macht.

Macht es aber wirklich Spaß, dass wir mittlerweile zur Gesellschaft mit den fettleibigsten Menschen der Geschichte geworden sind? Zwei Drittel der Menschen in den Vereinigten Staaten leiden entweder an Übergewicht oder Adipositas. So viele Kinder erkranken an der verbreitetsten Form von Diabetes, dass die Ärzte dafür einen neuen Namen geprägt haben. Was früher „Altersdiabetes" hieß, wird nun „Diabetes Typ 2" genannt. Dazu gehören etwa 90 Prozent aller Diabeteserkrankungen in den USA. Die Rate unter den Kindern nimmt explosionsartig zu.

Nun ist es einfach, mit dem Finger auf jemanden zu zeigen und sich zu entrüsten. Wir können den Fastfood-Unternehmen die Schuld zuschieben, die aggressiv ungesundes Essen für Kinder bewerben, wir können den Leuten die Schuld geben, die zu viel essen, weil es ihnen an Willenskraft mangelt, wir können die Eltern beschuldigen, die ihre Kinder nicht mehr gesund ernähren. Wir können mit dem Finger auf schädliche Inhaltsstoffe wie trans-Fettsäuren und Glucose-Fructose-Mais-Sirup zeigen und dem Druck des modernen Lebens die Schuld geben, die jeden in eine Art von Süchtigen verwandelt.

Dieses Spielchen können wir spielen, bis wir schwarz werden, aber das hilft niemandem. Es hilft denen mit Gewichtsproblemen nicht, die aufgrund ihres Gewichts krankheitsanfällig sind und die sich zudem noch dafür schämen.

Was können wir stattdessen von Menschen lernen, die sich auf den langen und steinigen, letztlich aber glücklichen Weg von der Adipositas zur Gesundheit gemacht haben?

Vor Kurzem freundete ich mich mit einer jungen Frau namens Natala Constantine und ihrem Ehemann Matt an. Seit siebeneinhalb Jahren sind sie verheiratet. Bei ihrer Hochzeit war Natala krankhaft fettleibig.

Sie wusste ein Lied davon zu singen, welche Kränkungen übergewichtige Menschen in unserer Gesellschaft ertragen müssen. Sie wusste längst nicht mehr, wie oft sie in aller Öffentlichkeit beschimpft und von völlig Fremden verspottet worden war, wie oft Menschen sie sogar körperlich verletzt hatten, weil sie sie wegen ihres Gewichtes nicht mehr als menschliches Wesen behandelt hatten.

Die Menschen sagten Natala immer, sie könne froh sein, dass sich Matt in sie verliebt habe. Er müsse ja ganz außergewöhnlich sein, weil ihm ihr Gewicht nichts ausmache.

Eine Woche nach ihrer Hochzeit wurde bei ihr schwerer Diabetes diagnostiziert. Ihr Blut war bereits so sauer, dass ihre Organe zu versagen begannen. Die Ärzte wussten nicht, ob sie überleben würde. Sie war gerade fünfundzwanzig Jahre alt.

Fünf Jahre später nahm Natala bis zu dreizehn verschiedene Medikamente ein und spritzte bis zu 200 Einheiten Insulin täglich. Sie aß, was viele als gesunde Ernährung bezeichnen würden – viel tierisches Eiweiß und praktisch keine Kohlenhydrate. Man hatte ihr gesagt, eine an tierischen Eiweißen reiche Ernährung sei praktisch die einzige Möglichkeit, ihren Diabetes in Schach zu halten, aber das funktionierte nicht. Jeden Tag machte sie zwei bis drei Stunden Sport in einem Studio, aber bei einer Körpergröße von 1,57 Metern wog sie immer noch 180 Kilo.

Als Natala an einer Infektion ihrer rechten Wade litt, erklärten ihr die Ärzte, sie müssten voraussichtlich einen Teil ihres Unterschenkels amputieren. Dann aber schlug ihr eine Freundin, nach ihren Worten jemand, „der Veganer war und sich für Yoga interessierte", vor, sie solle einmal versuchen, ihren Diabetes natürlich zu behandeln, und ihre Lebensmittel als Arznei betrachten. „Ich hätte ihr ins Gesicht schlagen können!", erinnert sich Natala. „Wie konnte sie nur etwas derartig Simples vorschlagen! Ich war doch bei den besten Ärzten gewesen. Ich ernährte mich doch ideal. Ich trieb doch Sport!"

Schließlich hielt sich Natala an den Rat ihrer Freundin und ernährte sich „zu 100 Prozent gesund auf pflanzlicher Basis".

„In den ersten drei Wochen", meinte sie, „fühlte es sich an, als würde ich viel mehr los als nur tierische Produkte. Das Essen hatte mich so sehr im Griff, wie ich das vor diesen drei Wochen selbst nie gedacht hätte. Ich saß im Auto vor einem Schnellrestaurant und gierte nach einem Thunfisch-Sandwich."

Es war schwer, doch Natala blieb dabei – und das Ergebnis war ein kleines Wunder. Nach dreißig Tagen benötigte sie kein Insulin mehr.

Ihre Ärzte sahen sich die Werte an, waren verblüfft und wollten wissen, wie sie das gemacht hatte. „Ich sagte ihnen, dass ich mich rein vegetarisch ernährte. Sie wirkten gar nicht erstaunt und meinten zu mir, dass die vegetarische Ernährung meinen Diabetes rückgängig machen könne. Als ich sie fragte, warum sie mir das nicht schon früher gesagt hatten, antworteten sie, das sei ja wohl kaum praktikabel."

Entgeistert fragte sie ihren Arzt: „Ist es denn praktikabel, mit dreißig ein Bein zu verlieren?"

Sie ging nie mehr zu diesem Arzt. „In diesem Augenblick hat sich alles verändert", erinnert sie sich. „Nach und nach habe ich auf alle anderen Diabetesmedikamente, die ich eingenommen hatte, verzichtet. Ich habe das Cholesterin im Blut ohne Medikamente gesenkt. Ich habe meinen Blutdruck ohne Medikamente gesenkt. Ich habe meine hormonellen Probleme ohne Medikamente bereinigt. Viele Diabetiker erblinden, ich aber habe die Nervenschäden im Auge bereinigt. Und mein infiziertes Bein? Es ist völlig geheilt. Die Arthritis in den Füßen? Ist auch verschwunden!"

Heute hat Natala Constantine fast 90 Kilo abgenommen, braucht keine Medikamente mehr und bewegt sich in Riesenschritten auf ihr Idealgewicht zu. Ihr Diabetes geht zurück. Ich habe sie getroffen und kann versichern, dass sie einer der fröhlichsten und strahlendsten Menschen ist, die ich je kannte. Sie ist Konzertviolinistin und strahlt einfach nur Glück aus.

Und ihr Mann Matt? Als Natala an Diabetes litt, war er selbst nicht nur übergewichtig, sondern litt auch an mehreren ernsthaften Nahrungsmittelallergien. Eine Tomate brachte ihn schon in die Notaufnahme. Diese Lebensmittelallergien bestimmten sein Leben. Und heute?

Seine Gesundheit hat sich durch die rein vegetarische Ernährung fast genauso wundersam verbessert wie die seiner Frau. Er ist Konzertpianist; 40 Kilo hat er verloren und hat nun ein gesundes Gewicht; er leidet auch nicht mehr unter Nahrungsmittelallergien.[*]

Wir leben schon in einer komischen Welt, oder? Einerseits gibt es den *Heart Attack Grill*, dessen 260-Kilo-Werbemann im Alter von neunundzwanzig Jahren starb. Andererseits gibt es Menschen wie Natala und Matt Constantine, die einen anderen Weg gewählt haben.

Wir leben in einer Gesellschaft, die Übergewichtige auf gemeine Weise ausgrenzt. Darauf antwortet der *Heart Attack Grill* auf seine Art. Manchmal verleiht es zeitweise Kraft, wenn man Scham in Trotz verkehrt. Wenn die Gesellschaft mit dem Finger auf dich zeigt, dir die Schuld gibt und ihre eigene Krankheiten verleugnet, dann hat man natürlich den Drang, der Gesellschaft den Stinkefinger zu zeigen.

Aber gibt es denn keine gesündere Alternative? Warum betritt man nicht das, was Veronica Monet die „schamfreie Zone" nennt, und nimmt sich fest vor, gesünder und glücklicher zu leben? Warum weigert man sich nicht, die negativen Botschaften der Gesellschaft zu verinnerlichen, und baut sich stattdessen ein gesünderes und freudvolleres Leben voller Zuversicht und Schönheit auf?

Wer sich bei stark gesüßten Getränken wie Limonade und Fruchtsäften zurückhält, fängt schon einmal damit an. Nicht mehr so viele verarbeitete Lebensmittel und dafür mehr vollwertige zu essen ist ein weiterer guter Anfang. Sport hilft auch sehr viel. Und je mehr Nährstoffe man aus pflanzlicher Nahrung bezieht, desto besser.

Ernähren Sie sich hauptsächlich vegetarisch – Ihr Körper wird es Ihnen für den Rest Ihres Lebens danken.

Nach Erscheinen eines Artikels, der die Grundlage dieses Kapitels bildet, in der *Huffington Post*** erhielt ich E-Mails von Menschen, die mir von ihren Abnehmexperimenten berichteten. Es folgen zwei davon, die ich mit besonderer Freude las. Gary Paulson schrieb:

---

* Diabetes ist eine heimtückische Krankheit, Wunderheilungen sind selten. Besprechen Sie alle Schritte, die Sie unternehmen, mit Ihrem Arzt. Anm. d. dt. Hrsg.

** Eine seit 2005 erscheinende Online-Zeitung (*www.huffingtonpost.com*). Anm. d. dt. Hrsg.

Ich habe gerade Ihren Artikel in der Huffington Post *gelesen und wollte Ihnen sagen, dass er sowohl informativ wie vergnüglich zu lesen war. Vor Kurzem habe ich selbst mit meinem Gewicht gekämpft und konnte durch eine kalorienreduzierte, eiweißhaltige vegetarische Ernährung fast 90 Kilo abnehmen. Was mir an Ihrem Artikel ganz besonders gefallen hat, war ihr Versuch, niemandem – wie das üblich ist – die Schuld zu geben, sondern den Dialog über mögliche Lösungen für Amerikas Adipositas-Krise zu eröffnen. Zudem schreiben Sie so, dass Sie die, die gerade mit ihrem Gewicht und der gesellschaftlichen Ausgrenzung kämpfen, menschlich und sensibel behandeln.*

Die Schauspielerin und Sängerin Kate Chapman durfte immer nur „die fette Frau" spielen. Nun, nachdem sie abgenommen hat und nur noch halb so viel wiegt, hält sie Vorstellung um Vorstellung durch und tanzt von Vorhang zu Vorhang. Jeder am Broadway kennt sie. Sie schrieb mir:

Vielen Dank für Ihren Artikel in der heutigen Huffington Post. *Auch ich habe meine Adipositas durch eine in großen Zügen vegetarische Ernährung rückgängig gemacht. Zum ersten Mal seit vierzig Jahren kämpfe ich nicht mehr mit meinem Gewicht. Vor drei Jahren nahm ich 50 Kilo ab, dieses Gewicht habe ich seitdem mühelos gehalten. Ich danke Ihnen dafür, dass Sie geschrieben haben, was Sie geschrieben haben. Ich war letztes Jahr in Phoenix und habe dort den* Heart Attack Grill *gesehen. Damals war ich traurig, heute bin ich noch trauriger. Ich danke Ihnen, dass Sie über die von uns berichten, die für sich selbst den Trend umgekehrt haben und deshalb anderen wirklich helfen können, gesünder, glücklicher und weniger belastet zu sein. Vielleicht können wir, wenn wir alle zusammenarbeiten, das Steuer noch herumreißen.*

7

Die Fakten über Weiderinder

Heute suchen viele Menschen, die von der Art und Weise, wie Tiere in Massentierhaltung und Intensivfütterung* behandelt werden, schockiert sind und ihre persönliche Ökobilanz verbessern wollen, nach gesünderen Alternativen. Daraus erwächst der deutliche Trend hin zur Weidehaltung von Nutztieren. Ein ehemaliger Vegetarier, Mark Morford, Kolumnist des *San Francisco Chronicle*, isst heute Fleisch, allerdings nur solches aus „Weidefütterung, mit Bio-Siegel und so nachhaltig, respektvoll und dankbar wie möglich, und zwar in kleinen Mengen".

Die Verkäufe von Bio-Fleisch aus Weidehaltung nehmen rapide zu. Vor zehn Jahren gab es gerade einmal rund fünfzig Weidebetriebe für Rinder in den Vereinigten Staaten. Heute sind es Tausende.

Aber gibt es wirklich einen Unterschied? Schmeckt Fleisch von Weiderindern wirklich besser? Und wenn dem so ist, wie und wie sehr?

Wenn Sie jetzt weiterlesen, werden Sie herausfinden, warum ich die Weidehaltung in der Tat für besser halte. Aber nur, weil alles andere als unsere heutige Normalität besser ist. Fleischrinder in die Intensivfütterung zu stellen und sie mit Getreide zu ernähren ist nämlich vermutlich das Dümmste, was sich Menschen der westlichen Welt je ausgedacht haben.

Rinder haben (wie Schafe, Hirsche und andere Weidetiere) die Fähigkeit, für den Menschen ungenießbares Gras in Fleisch umzuwandeln, das wir verdauen können. Das gelingt ihnen, weil sie – anders als der

---

* In den USA erfolgt die Mast häufig in sog. *Feedlots*-Parzellen unter freiem Himmel, in denen die Rinder bis zur Schlachtreife mit Silage gefüttert werden. Anm. d. dt. Hrsg.

Mensch mit nur einem Magen – sogenannte Wiederkäuer sind. Ihr zweiter Magen, der Pansen, ist ein viele Liter fassender Fermentationskessel, in dem Bakterien die Zellulose in Eiweiße und Fette umwandeln.

Bei der modernen Intensivfütterung erhalten Kühe Mais und anderes Getreide, Nahrungsmittel also, die auch Menschen essen können, die sie sehr ineffizient in Fleisch verwandeln. Da bei der Intensivfütterung zwischen sieben bis fünfzehn Pfund Getreide benötigt werden, um ein Pfund Fleisch zu erzeugen, bekommen wir tatsächlich weniger Nahrung heraus, als wir in ihre Produktion hineinstecken. Es handelt sich um eine Eiweißfabrik im Rückwärtsgang.

Und wir tun das in großem Maßstab – unterdessen hat fast eine Milliarde Menschen auf der Erde nicht genug zu essen.

WIE INTENSIVFÜTTERUNG WIRKLICH IST

Wie ist ein so verschwenderisches System überhaupt entstanden? Intensivfütterung ist ja kaum das unvermeidliche Ergebnis der landwirtschaftlichen Arbeit, noch ist sie ein Ergebnis des Marktkräfte. Sie ist allerdings das Resultat einer Politik, die in großem Maße großunternehmerische Intensivfütterung zuungunsten kleiner bäuerlicher Betriebe stützt.

Von 1997 bis 2005 beispielsweise sparten die Mastbetriebe in den USA durch Subventionen des Getreidepreises aus Steuermitteln rund 35 Milliarden Dollar. Die Subventionen waren so hoch, dass die Mastbetriebe Tiernahrung zu einem Bruchteil der üblichen Kosten einkaufen konnten. Rinderhalter, die ihre Kühe noch auf die Weide lassen, profitieren von diesen Subventionen natürlich nicht.

Die Bundespolitik stellt der Rindermastindustrie zudem Milliarden Dollar zur Verfügung, damit diese ihre Probleme mit der Umweltverschmutzung lösen kann. Diese entstehen, weil so viele Tiere, oft Zehntausende, auf Raum gehalten werden. Kleine Höfe, die ihre Rinder weiden lassen, haben diese Probleme überhaupt nicht. Müsste die Intensivfütterungsindustrie selbst dafür aufkommen, die Tierexkremente umweltfreundlich zu entsorgen – müssten sie also Prävention oder Beseitigung der von ihnen erzeugten Verschmutzung bezahlen –, dann würden sie den Fleischmarkt in den USA nicht mehr wie heute beherrschen. Stattdessen hat die Politik dafür gesorgt, dass der Steuerzahler die Zeche bezahlt. Nur aufgrund dieser Politik ist die Intensivfütterung überhaupt machbar: weil wir sie bezahlen.

Früher wurde alles Fleisch in Weidewirtschaft erzeugt. Diese Tradition haben wir in ihr Gegenteil verkehrt. Dank unserer irregeleiteten Politik stammt heute praktisch unser sämtliches Fleisch aus Intensivfütterung.

Dank der Regierungssubventionen geht das billiger und auch schneller. Vor fünfundsiebzig Jahren wurden Stiere im Alter von vier oder fünf Jahren geschlachtet. Heute wachsen Stiere jedoch durch die Getreidefütterung so schnell, dass sie bereits viel früher geschlachtet werden können, gewöhnlich im Alter von nur 14 bis 16 Monaten.

Alle Fleischrinder verbringen die ersten Monate ihres Lebens auf der Weide, wo sie sich von Grünfutter wie Gras oder Alfalfa ernähren. Danach jedoch werden sie alle in Intensivfütterung mit Getreide gemästet – oder, wie die Industrie das nennt, „fertig produziert". Man bringt kein Kalb mit einem Geburtsgewicht von 80 Pfund innerhalb eines Jahres auf 1200 Pfund, wenn es nur Gras frisst. Diese Art widernatürlich schneller Gewichtszunahme benötigt riesige Mengen von Mais, sojabasiertem Eiweiß, Antibiotika und andere Medikamente, darunter Wachstumshormone.

Bei der gegenwärtigen Landwirtschaftspolitik ist es wirtschaftlich sinnvoll, einem Rind Mais statt Gras zu geben, aber es belastet das Verdauungssystem des Tieres außerordentlich. Gewöhnt man einen Bullen nicht allmählich an diese Kost und verabreicht man ihm nicht unablässig Antibiotika, wird er daran eingehen.

Der Schriftsteller Michael Pollan, ein Rinderzüchter mit kleinem Betrieb, beschreibt, was mit Kühen geschieht, wenn man sie von der Weide nimmt und in der Intensivfütterung mit Mais vollstopft:

Vielleicht das Schlimmste, was ein Wiederkäuer bei der Fütterung mit Mais erleiden kann, ist die Magendrehung durch Intensivfütterung. Der Pansen erzeugt fortwährend große Mengen Gas, die gewöhnlich während des Wiederkäuens durch Rülpsen ausgeschieden werden. Enthält das Futter allerdings zu viel Stärke und zu wenig Ballaststoffe, ist das Wiederkäuen nicht mehr möglich, eine Schaumschicht bildet sich, die die Gase im Pansen festhält. Der Pansen bläht sich auf wie ein Ballon und drückt gegen die Lungen des Tieres. Wenn nicht sofort etwas unternommen wird, um den Druck abzulassen (gewöhnlich, indem man einen Schlauch durch die Speiseröhre des Tieres zwängt), erstickt das Rind.

Die Maisfütterung führt beim Rind auch zur Magenübersäuerung. Anders als unsere sauren Mägen hat ein Pansen gewöhnlich einen neutralen pH-Wert. Mais lässt ihn jedoch widernatürlich sauer werden und verursacht so ein Sodbrennen beim Rind, das diese in manchen Fällen tötet, immer aber krank macht. Übersäuerte Tiere fressen nicht mehr, keuchen und speicheln übermäßig, klopfen mit den Hufen gegen den Bauch und fressen Erde. Der Zustand führt zu Durchfall, Geschwüren, Blähungen, Lebererkrankungen und zur generellen Schwächung des Immunsystems. Das Tier ist nun anfällig für jede Krankheit von Lungenentzündung bis zu Intensivfütterungspolio.

Gibt man Rinder in Intensivfütterung und füttert sie mit Mais, ist das nicht nur für die Tiere unnatürlich und gefährlich. Es wirkt sich auch medizinisch stark auf uns Menschen aus, und zwar unabhängig davon, ob wir nun ihr Fleisch essen oder nicht. Die heutige Massentierhaltung wäre nicht möglich, verabreichte man den Tieren nicht routinemäßig und ständig Antibiotika. Das führt unweigerlich dazu, dass Bakterien entstehen, die gegen diese Antibiotika resistent sind. Gegen diese neuen „Superbakterien" wirken unsere Antibiotika bei der Behandlung von Menschen zunehmend kaum noch.

Zudem ist die gängige Praxis der Fleischindustrie, Rinder in der Intensivfütterung mit Getreide zu ernähren, eine der Hauptursachen für das Vorkommen des Bakteriums *Escherichia coli 0157:H7*. Werden Rinder mit Getreide gefüttert, wird ihr Verdauungstrakt saurer, das fördert das Wachstum der pathogenen *Escherichia coli*-Bakterien. Sie können bei Menschen, die Hamburger mit nicht ausreichend gebratenem Fleisch essen, zum Tode führen.

Es ist kaum bekannt, dass *E. coli 0157:H7* ein relativer Neuling ist. Es wurde zum ersten Mal in den 1980ern identifiziert. Das Pathogen findet sich heute allerdings bereits in den Verdauungstrakten praktisch aller Rinder in Massentierhaltung in den USA. Noch weniger bekannt ist, dass es die Praxis der Mais- und Getreidefütterung bei Rindern ist, die die idealen Umweltbedingungen für die Entstehung von *E. coli* und anderen gefährlichen Mikroben – die uns töten können und das auch tun – erzeugt hat.

Vor der Einführung der Intensivfütterung hatten sich die Mikroben im Verdauungstrakt der Kühe an eine neutrale pH-Umgebung angepasst. Deshalb stellte es auch kaum ein Problem dar, wenn sie ins Fleisch gelangten, weil diese Mikroben durch die sauren Bedingungen im menschlichen Magen abgetötet wurden. Doch hat sich der Verdauungstrakt der Tiere durch die moderne Intensivfütterung verändert. Er ist nun praktisch genauso sauer wie unser eigener. In dieser neuen, durch den Menschen geschaffenen Umwelt konnten sich Stämme von *E. coli* und anderen Pathogenen entwickeln, die auch in unserer Magensäure gedeihen und uns dann umbringen können. Michael Pollan schreibt: „Indem wir den Darm der Kühe durch den Mais sauer gemacht haben, haben wir die Infektionsbarrieren in unserer Nahrungskette niedergerissen."

MAISFÜTTERUNG VERSUS WEIDEFÜTTERUNG – ERNÄHRUNG, GESCHMACK UND DIE UMWELT

Viele von uns halten Fleisch von Rindern, die mit Mais gefüttert wurden, für nahrhafter, doch dem ist nicht so. Ein mit Mais gefüttertes Rind bekommt zwar schön gemasertes Fleisch, dabei handelt es sich aber nur um gesättigte Fettsäuren, die nicht entfernt werden können. Fleisch von Weiderindern enthält andererseits sowohl insgesamt weniger Fett und auch weniger von dem Fett, das die Arterien verstopft. Ein Lendensteak von einem mit Getreide ernährten Mastochsen aus

Intensivfütterung enthält mehr als doppelt so viel Gesamtfett wie ein vergleichbares Stück von einem Mastochsen aus Weidehaltung. In seiner doch arg eingeschränkten Weisheit allerdings bewertet das Landwirtschaftsministerium der Vereinigten Staaten von Amerika (*USDA*) weiterhin das Fleisch derart, dass Maserung durch intramuskuläres Fett ausgezeichnet wird.

Fleisch von Weiderindern enthält nicht nur weniger Gesamtfett und gesättigte Fettsäuren, es hat zusätzlich den Vorteil, dass es mehr Omega-3-Fettsäuren enthält. Diese lebensnotwendigen und gesunden Fette sind am stärksten in Leinsamen und Fisch enthalten, kommen aber auch in Walnüssen und Sojabohnern vor und in Fleisch von Tieren, die sich von Gras ernährt haben, das reich an Omega-3-Fettsäuren ist. Gibt man den Rindern aber kein Gras, sondern schafft sie in die Intensivfütterung, um sie mit Getreide zu mästen, dann bauen sie sofort die in ihrem Gewebe bereits gespeicherten Omega-3-Fettsäuren ab. Ein Steak von einem Weiderind enthält etwa die doppelte Menge Omega-3-Fettsäuren wie ein Steak von einem Rind aus Getreidefütterung.

Zusätzlich zu ihrem hohen Anteil an gesunden Omega-3-Fettsäuren enthält Fleisch von Weiderindern bis zu viermal so viel Vitamin E als Fleisch von Rindern aus Intensivfütterung und dazu noch höhere Werte konjugierter Linolsäuren (CLA), ein Nährstoff, der das Krebsrisiko mindert.

Die höheren Werte der Omega-3-Fettsäuren und weitere Unterschiede in der Zusammensetzung der Fettsäuren sprechen in Hinsicht auf die Ernährung für Fleisch von Weiderindern, allerdings weniger in Hinsicht auf die kulinarische Qualität. Die Unterschiede führen dazu, dass Fleisch aus Weidefütterung für manche Konsumenten ein unerwünschtes Aroma und einen unerwünschten Geschmack aufweist. Teilnehmer von Fleischproben bewerteten das Fleisch der Weiderinder mit „Fremdaroma, darunter Ammoniak, schmeckt leicht nach Wild, bitter, irgendwie nach Leber, alt, vergammelt und sauer".

Selbst die Leute, die Fleisch von Weiderindern vermarkten, halten das für wahr. Joshua Appleton, der Inhaber von *Fleisher's Grass-fed* und *Organic Meats* in Kingston, New York, meint: „Fleisch von Weiderindern schmeckt Menschen, die an Fleisch aus Getreidefütterung gewohnt sind, einfach etwas zu stark."

Im Gegensatz zu Rindern aus der Massentierhaltung können sich Kühe auf der Weide frei bewegen. Diese Bewegung stärkt die Muskeln, folglich ist das Fleisch etwas zäher, als es vielen Leuten lieb ist. Fleisch von Weidetieren zergeht nicht so auf der Zunge, wie es der moderne Fleischgeschmack verlangt.

Zusätzlich zu den Ernährungsvorteilen ist die Weidewirtschaft auch umweltfreundlicher. Nach dem Ökologen David Pimentel von der *Universität Cornell*, der sich auf Landwirtschaft und Energie spezialisiert hat, werden für den bei der Intensivfütterung von Rindern verbrauchten Mais unfassbar viele fossile Energieträger verschwendet. Um den Mais zu erzeugen, den wir für die Fütterung verwenden, benötigt man riesige Mengen chemischen Dünger, der wiederum aus riesigen Mengen Öl hergestellt wird. Aufgrund dieser Abhängigkeit vom Erdöl, so meint Pimentel, verbraucht der durchschnittliche Mastochse im Laufe seines Lebens de facto rund 1050 Liter Öl. Michael Pollan meint:

Wir haben das Fleischkalb erfolgreich industrialisiert. Was früher ein solargetriebener Wiederkäuer war, wurde zu dem, was wir am wenigsten brauchen: eine weitere Maschine, die fossile Brennstoffe verbraucht.

Für das Fleisch aus Weidehaltung wird nicht nur weniger Energie verbraucht, auch die Umweltverschmutzung fällt geringer aus. Auf der Weide fällt der Dung der Tiere auf den Boden, dort nährt er die Pflanzen. Bei der Intensivfütterung und anderen Formen der Massentierhaltung fallen im Gegensatz dazu ungeheure Mengen an Exkrementen an, die Wasser und Luft verschmutzen.

Aus humanitärer Sicht gibt es noch einen weiteren Vorteil der Weidehaltung: Man sperrt die Tiere nicht ein. Die moderne Massenhaltung ist so grausam, dass man weder Vegetarier noch Tierrechtsaktivist sein muss, um sie für unerträglich und für eine Verletzung der Verbundenheit von Mensch und Tier zu halten. Tiere auf der Weide müssen das Elend der Massentierhaltung nicht erleiden. Sie sind nicht in Käfige gezwängt, die kaum größer sind als sie selbst, sie stehen auch nicht monatelang ohne Unterbrechung dichtgedrängt knietief in ihren eigenen Exkrementen.

WEIDEFLEISCH IST KEIN BIO-FLEISCH!

Es ist wichtig, daran zu erinnern, das Weidefleisch nicht automatisch Bio-Fleisch bedeutet. Bio-Läden bieten Bio-Fleisch und Bio-Milchprodukte an, die hormon- und antibiotikafrei sind. Diese Produkte stammen von Tieren, die mit Bio-Getreide gefüttert wurden, die aber ihr Leben überwiegend – und bei Milchkühen so gut wie vollständig – in der Intensivfütterung verbracht haben. Es ist traurige Realität, dass praktisch sämtliches Bio-Fleisch und alle Bio-Milchprodukte, die heute in den USA im Handel sind, aus Intensivfütterung stammen.

Und so wie Bio nicht automatisch Weidefütterung bedeutet, so heißt Weidefütterung auch nicht, dass es sich bei dem Fleisch dann um Bio-Fleisch handelt. Weiderinder grasen manchmal auf Weiden, die mit Kunstdünger gedüngt und mit Pestiziden behandelt worden sind. Nur wenn das Etikett auf dem Fleisch ausdrücklich angibt, dass es sich um Bio-Produkte aus Weidehaltung handelt, ist das auch der Fall.

Wie so oft gibt es auch hier ein „Grünwaschen" – Werbung, die der Öffentlichkeit weismachen soll, die Geschäftspolitik und die Produkte eines Unternehmens seien sozial- und umweltverträglich, obwohl das gar nicht stimmt. Ein Beispiel dafür ist das „Premium-natürliche" Fleisch der riesigen Harris Ranch im Fresno County, Kalifornien. Dieses Fleisch der Harris Ranch wird in Reformhäusern westlich der Rocky Mountains verkauft. Laut dem Unternehmen handelt es sich „um das Beste bei Qualität und Sicherheit – Sie können uns vertrauen".

Doch selbst Brad Caudill, der Sprecher der Harris Ranch, gibt zu, dass bei den gegenwärtigen Bestimmungen des *USDA* der Begriff „natürlich" völlig bedeutungslos ist. Die Rinder der Harris Ranch werden in einem 100.000 Rinder umfassenden Betrieb im Central Valley von

Kalifornien gemästet. Und das Futter wird nicht biologisch erzeugt. Der einzige Unterschied zwischen Rindern, denen die Harris Ranch das Prädikat „Premium-natürlich" verleiht, und den typischen Produkten aus der Intensivfütterung besteht darin, dass die Tiere ohne Zugabe von Wachstumshormonen und Antibiotika im Futter gemästet werden. Trotz Marketing und Werberummel handelt es sich weder um Ware aus Weidehaltung noch um biologische. (Harris Ranch verkauft auch Bio-Fleisch, doch werden die Tiere nach wie vor in überfüllter und schmutziger Intensivfütterung gehalten. Etwa 100 Rinder, die zwischen 700 und 1200 Pfund wiegen, leben in einem Pferch von der Größe eines Basketball-Feldes, also rund 400 Quadratmetern.

UND NUN ZUR SCHATTENSEITE

Fleisch von Weidetieren hat sicher viele Vorteile, es kostet aber gewöhnlich mehr. Bei Letzterem bin ich mir nicht wirklich sicher, ob das so schlecht ist. Wir sollten nämlich bei Weitem nicht so viel Fleisch essen, wie wir das tun.

Und selbst Fleisch von Weiderindern hat Schattenseiten. Man braucht große Weiden, um einen Ochsen zu mästen. Die Weiden im Westen der USA sind zwar riesig, reichen dennoch bei Weitem nicht aus, um die 100 Millionen amerikanischer Rinder zu ernähren. Es ist gewiss unmöglich, dass Weiderinder den gegenwärtigen Fleischbedarf der USA decken - und noch weniger dem Hunger in der Welt abhelfen können. Die Fleischproduktion durch Weiderinder ist vielleicht in einem Land wie Neuseeland machbar, das geografisch isoliert ist, über ein einzigartiges Klima verfügt und dazu nur eine geringe Bevölkerungsdichte aufweist. Aber in einer Welt mit sieben Milliarden Menschen wird Fleisch von Weiderindern immer ein Nahrungsmittel sein, das nur den reichen Eliten in ausreichender Menge zur Verfügung steht.

Was würde geschehen, wenn wir versuchten, massenhaft Fleisch von Weiderindern zu produzieren? Man hat es in Brasilien versucht - mit einem Ergebnis, das einem Öko-Albtraum gigantischen Ausmaßes gleicht. 2009 veröffentlichte *Greenpeace* einen Bericht mit dem Titel:

„Der Amazonas wird geschlachtet". Dort wurden detailgenaue Satellitenfotos abgedruckt, die zeigen, dass die Rinder im Amazonasgebiet der Hauptgrund für die beschleunigte weltweite Abholzung der Wälder sind. Und die wiederum produziert rund 20 Prozent der weltweiten Treibhausgase. Selbst die brasilianische Regierung – und das, obwohl das Land der größte Fleischexporteur der Welt ist und über die größte kommerziell genutzte Rinderherde der Welt verfügt – gibt zu, dass die Rinderzucht für 80 Prozent der Abholzung der Amazonas-Urwälder verantwortlich ist. Der Großteil der restlichen 20 Prozent schafft Land für den Sojaanbau, allerdings nicht für die Tofu-Herstellung, sondern für den Export von Tiernahrung nach China.

Die Rinder des Amazonas laufen frei, weiden Gras und erfüllen möglicherweise Bio-Kriterien, dennoch sind sie eine Plage für unseren Planeten und einer der Motoren der globalen Erwärmung.

Umweltbewusste Konsumenten halten Fleisch aus Weidefütterung für „grün" und „umweltfreundlich", weil es keine Umweltprobleme wie die Massentierhaltung verursacht. Doch tragen sowohl Fleisch aus Weidewirtschaft wie solches aus Intensivfütterung stark zum globalen Klimawechsel bei. Beide scheiden zwei wirkmächtige Treibhausgase aus: Methan und Stickstoffoxid.

Neben Kohlendioxid ist Methan das Gas, das am meisten zur Destabilisierung unserer Atmosphäre beiträgt. Methan ist als Treibhausgas tatsächlich vierundzwanzig Mal so wirkmächtig wie Kohlendioxid, es kommt in immer größerer Konzentration in der Atmosphäre vor. Der Hauptgrund dafür, dass die Konzentration von atmosphärischem Methan heute dreimal so hoch ist wie noch vor hundert Jahren, als ihr Anstieg begann, liegt in der Fleischproduktion. Rinder, die auf der Weide gehalten werden, erzeugen mehr Methan als Rinder in der Intensivfütterung, wenn man es auf das einzelne Rind umrechnet. Weil ein Tier bei Weidehaltung langsamer an Gewicht zulegt, produziert jedes Tier länger Methanemissionen.

Ein Pfund Fleisch von Weiderindern zu erzeugen verursacht mittlerweile genauso viele Stickstoffoxidemissionen wie die Erzeugung eines Pfunds Fleisch aus der Intensivfütterung, manchmal – aufgrund des langsameren Wachstums – sogar noch mehr. Diese Emissionen intensivieren nicht nur den Treibhauseffekt, sie versauern zudem den Boden, verringern die Biodiversität und reduzieren die schützende Ozonschicht der Erde.

Die nüchterne Wirklichkeit ist, dass die Weidewirtschaft in den USA bereits jetzt schon die Umwelt maßgeblich belastet. Obwohl praktisch alle Fleischrinder der USA in der Intensivfütterung gemästet werden, werden derzeit 70 Prozent der Landfläche des amerikanischen Westens als Weideland genutzt. Über zwei Drittel des Gebietes von Montana, Wyoming, Colorado, New Mexico, Arizona, Nevada, Utah und Idaho dienen als Viehweiden. Im amerikanischen Westen ist praktisch jedes Fleckchen Erde, das sich dafür eignet, Weideland. Mit einem unschönen Ergebnis. Ein Umweltschützer meinte: „Die Rinderweiden im Westen haben mehr Wasser verschmutzt, mehr Mutterboden erodiert, mehr Fische getötet, mehr einheimische Wildtiere verdrängt und Vegetation zerstört als irgendeine andere Art der Landnutzung."

Die Weideflächen des Westens sind durch das gegenwärtige System verwüstet worden, bei dem Rinder normalerweise etwa sechs Monate auf der Weide verbringen und den Rest ihres Lebens dann in der Intensivfütterung. Sie ausschließlich auf der Weide zum Marktgewicht zu bringen, würde nicht sechs Monate, sondern mehrere Jahre dauern; das würde dieses Ökosystem noch stärker zerstören.

Das vom Steuerzahler finanzierte Programm zur Vermeidung von Tierschäden (*ADC*) der *USDA* wurde 1931 aus einem einzigen Grund ins Leben gerufen – um Wildtiere auszumerzen, ihre Zahl zu begrenzen und zu kontrollieren, die eine Gefahr für die Zuchtindustrie im Westen darstellten. Die Gegner des Programms lehnen es völlig ab und meinen, es sei ein reines Tierschlachtprogramm oder halte die Rinderzucht in Abhängigkeit.

Auf den Rat verschiedener Public-Relations-Berater hin benannte die Bundesregierung 1997 die *ADC* in „Wildtierdienst" um. Und sie gab ihr ein neues Motto: „Leben mit wilden Tieren".

Doch die Behörde lebt nicht eigentlich „mit wilden Tieren". In

Wahrheit tötet sie jedes wilde Tier, das in Konkurrenz zur Viehzucht steht oder diese gefährdet. Zu ihren Methoden zählt Vergiften, Fallen stellen, die Bauberäucherung, das Erschießen und der Beschuss aus der Luft. Bei der Bauberäucherung gießen Regierungsagenten Kerosin in die Baue und entzünden es. Die Jungen verbrennen darin.

Zu den Tieren, die die Beamten des Wildtierdienstes vorsätzlich töten, gehören Dachse, Schwarzbären, Rotluchse, Kojoten, Füchse, Pumas, Opossums, Waschbären, Stinktiere, Biber, Nutrias, Stachelschweine, Präriehunde, Amseln, Rinderreiher und Spatzen. Zu den Tieren, die dabei unbeabsichtigt getötet werden, zählen Haushunde und -katzen und mehrere bedrohte Tierarten.

Insgesamt tötet der Wildtierdienst planmäßig mehr als 1,5 Millionen Wildtiere im Jahr. Das wird mit öffentlichen Geldern finanziert und geschieht im Interesse von Viehzüchtern, die ihre Tiere auf öffentlichem Land weiden, die dafür aber praktisch nichts bezahlen. Der Preis, den das Land und die Tiere in unserem Westen dafür zahlen, dass dort Rinder weiden, lässt sich also nur schwer übertreiben. Ein bewussteres Management der Weiden könnte sicherlich die Schäden reduzieren, eine weitere Ausbreitung der Fleischproduktion mit Weiderindern allerdings würde die ohnehin bereits verheerenden Verluste noch beträchtlich erhöhen. Der Umweltschützer Edward Abbey sagte 1985 in einer Ansprache vor Rinderzüchtern an der *University of Montana*:

Das meiste öffentliche Land im Westen, insbesondere im Südwesten, kann man getrost als „von Rindern vernichtet" bezeichnen. Ganz gleich, wo man gerade ist – fast überall im amerikanischen Westen trifft man auf Rinderherden ... Sie sind eine Plage. Sie verschmutzen unsere Quellen, Bäche und Flüsse. Sie infizieren unsere Canyons, Täler, Weiden und Wälder. Sie vertilgen sämtliche einheimischen Grassorten und hinterlassen einen Urwald von Feigenkakteen. Sie zertrampeln die einheimischen Stauden, Büsche und Kakteen. Durch sie verbreiten sich exotische Gräser, Disteln und Kammquecke. Selbst wenn die Rinder nicht hier sind, kann

man ihren Dung sehen, die Fliegen und den Schlamm und den
Staub und die allgemeine Zerstörung. Und wenn man es nicht
sieht, riecht man es zumindest. Der ganze amerikanische Westen
stinkt nach Rindern.

Fleisch von Weiderindern ist für den Verbraucher auf jeden Fall gesünder als Fleisch aus der Intensivfütterung, und vielleicht sogar etwas
gesünder für die Umwelt. Dass es aber bei solch einem Vergleich gut
abschneidet, bedeutet noch lange nicht, dass es zu empfehlen wäre.
Zwar haben Fleisch und andere Tierprodukte aus der Weidetierhal-
tung eindeutige Vorteile gegenüber Produkten der industriellen Landwirtschaft und der Intensivfütterung, doch man muss bedenken, dass
es sich bei industrieller Landwirtschaft und Intensivfütterung um ein
Fiasko handelt. Praktisch alles ist besser als das.

Ich erinnere mich an eine Broschüre, die die Rinderzüchterverei-
nigung *Cattlemen's Association* an Schulen zu verteilen pflegte. Das
Heft verglich die Nährwerte eines Hamburgers mit dem eines anderen
gängigen Lebensmittels und betonte immer wieder, wie überlegen ein
Hamburger sei, weil er mehr von jedem einzelnen Nährstoff besaß als
das damit verglichene andere Lebensmittel. Und schlimmer noch: Der
Mitbewerber enthielt auch noch viel mehr Zucker. Bei diesem Vergleich wirkte der Hamburger wie das gesündeste aller Lebensmittel.

Es war allerdings ein ungleicher Wettbewerb: Das andere Lebensmittel war eine Dose Cola.

Vergleicht man Fleisch aus Weidewirtschaft mit dem aus der Intensivfütterung, ähnelt das ein bisschen diesem Vergleich. Es ist viel
gesünder, wird viel humaner erzeugt und ist irgendwie auch nachhaltiger, was die Umwelt angeht, zumindest in kleinem Maßstab. Insgesamt ist es tatsächlich besser. Wenn man schon Fleisch essen muss,
dann dieses.

Aber man darf sich nicht hinreißen lassen zu denken: Solange es
sich um Fleisch aus Weidewirtschaft handelt, kann ich so viel essen,
wie ich will. Produkte der Weidewirtschaft enthalten nach wie vor
viele gesättigte Fette (allerdings nicht so viele), nach wie vor viel Cho-

lesterin und nach wie vor keine Ballaststoffe und andere essenzielle Nährstoffe. Sie sind nach wie vor weit oben in der Nahrungskette und enthalten daher hohe Konzentrationen von Umweltgiften.

DAS SCHLACHTHAUS

Denkt man an Fleisch von Weiderindern, stellt man sich wohl eine idyllische Szene vor, bei der Kühe auf der Weide munter am Gras kauen. Das ist ja auch das Bild, das jene vermitteln wollen, die diese Produkte vertreiben und verkaufen. Und in gewissem Maße stimmt es auch.

Und doch ist es nur ein Teil der Geschichte. Bei diesem schönen Bild fehlt etwas – etwas, das dennoch fest zur Wirklichkeit gehört. Fleisch von Weiderindern kommt nicht direkt von der grünen Wiese auf den Teller. Zuerst muss das Rind ins Schlachthaus.

Weiderinder leben humaner und natürlicher als in Massentierhaltung und Intensivfütterung gezwängte Tiere – aber ihr Tod ist mindestens genauso schrecklich und grausam. Gibt man sie in ein herkömmliches Schlachthaus, so wie das meistens geschieht, werden sie wie die Tiere aus der Intensivfütterung lebendig und bei vollem Bewusstsein gehäutet, dann geschlachtet (wobei ihnen die Füße abgeschnitten werden, wenn sie noch atmen). Diese verstörende Wirklichkeit ereignet sich jede Stunde in den fleischverarbeitenden Betrieben im ganzen Land. Wenn man sich die Brutalität eines modernen Schlachthauses betrachtet, wird man unbarmherzig daran erinnert, dass die ländliche Idylle friedlich grasender Rinder eben doch nicht die ganze Wahrheit ist.

STELL DIR VOR …

Man kann all diese negativen Auswirkungen abmildern, wenn man weniger Fleisch oder überhaupt kein Fleisch isst. Wenn wir, als gesamte Gesellschaft, weniger Fleisch verbrauchen, wird die Welt in der Tat ein freundlicherer und schönerer Ort. Man denke zum Beispiel an die Erderwärmung. Gidon Eshel, ein Geophysiker am Bard Center, und Pamela A. Martin, Assistenzprofessorin für Geophysik an der *Uni-*

versity of Chicago, haben errechnet, welche Auswirkungen eine Reduktion des Fleischverbrauchs der Amerikaner um 20 Prozent mit sich brächte. Diese Umstellung würde die Emission von Treibhausgasen so beträchtlich vermindern wie eine Umstellung sämtlicher Autos und Lastkraftwagen auf Hybridantrieb.

Wenn wir weniger Fleisch äßen, könnte man die meisten Länder in unserem Westen sinnvoller – und nachhaltiger – nutzen. Große Teile des amerikanischen Westens haben viel Sonne und Wind und könnten große Sonnen- und Windkraftwerke aufnehmen. Ohne Rinder auf dem Land könnten dort Photovoltaikanlagen und Windräder riesige Mengen Energie erzeugen, ohne die Umwelt zu verschmutzen oder Umweltschäden zu verursachen. Anderswo könnte man Gras anbauen, aus dem sich Biogas herstellen lässt, eine viel sauberere Energieform als fossile Brennstoffe. Große Gebiete könnte man in ihren Urzustand zurückversetzen und damit Wildtieren eine neue Heimat geben. Die Wiederherstellung des von den Rindern verwüsteten Landes könnte unsere ländliche Wirtschaft beleben und zur Gesundung des Ökosystems unseres Planeten beitragen.

8

Landwirtschaftsbetriebe: Fabriken für biologische Waffen?

Zu den Techniken, die die moderne industrielle Massentierhaltung jeden Tag nutzt, um das Gewicht der Tiere zu erhöhen, gehört die Zugabe von Antibiotika zum Viehfutter. Dabei werden die Bakterien im Darm des Tieres, die gegen das Medikament empfindlich sind, abgetötet.

Das Problem ist, dass im Verdauungstrakt des Tieres ein mikrobisches Vakuum entsteht, das all jenen Mikroben, die gegen dieses Antibiotika besonders resistent sind, einen außergewöhnlichen Wettbewerbsvorteil gibt. Will man ein Bakterium züchten, dem Antibiotika nichts anhaben können, gibt es keinen schnelleren Weg. Es ist keine Übertreibung, wenn man feststellt, dass die Massentierhaltung auf diese Weise Pathenogene züchtet, die als biologische Waffen eingesetzt werden könnten.

Antibiotika haben schon Millionen Menschen das Leben gerettet, ihre Entdeckung gehört zu den herausragenden Leistungen in der Geschichte der Medizin. Doch bereits Sir Alexander Fleming, der Entdecker des Penicillins, warnte davor, dass Überdosen des Medikaments zu resistenten Bakterien führten können. Tatsächlich wurde das Medikament zu oft eingesetzt, und das mit drastischen Konsequenzen. In diesem Jahr werden zwischen 70.000 und 100.000 Amerikaner an Infektionen sterben, die man früher mit gängigen Antibiotika behandeln konnte. Ein einziges antibiotikarestistentes Pathogen, MRSA (*Methicillin-resistentes Staphylococcus aureus*) verursacht heute in den USA mehr Todesfälle als AIDS.

Zwar räumt die Tierzuchtindustrie die Existenz dieses Problems ein, sie gibt die Schuld aber dem allzu eifrigen Einsatz von Antibiotika in den Krankenhäusern. Und teilweise stimmt das sogar. Heute werden in den Krankenhäusern der USA etwa hundert Mal mehr Antibiotika verabreicht als noch vor fünfzig Jahren. Da die Zahl der antibiotikaresistenten Bakterien ständig zunimmt, müssen die Krankenhäuser höhere Dosen und ein größeres Spektrum von Antibiotika einsetzen, besonders die sogenannten Breitbandantibiotika. Doch selbst bei zunehmendem Einsatz der Medikamente in Krankenhäusern und Kliniken, durch Hausärzte und andere medizinische Einrichtungen ist der Hauptabnehmer von Antibiotika nach wie vor die Massentierhaltung.

Nach der *USDA* werden nur etwa 20 Prozent aller Antibiotika in den USA zur Behandlung von Kranken eingesetzt. Die restlichen 80 Prozent – also der Großteil – werden dem Vieh verabreicht, hauptsächlich um die unnatürlichen und ungesunden Bedingungen in der Massentierhaltung etwas abzufedern. In Folge davon erzeugt die industrielle Viehzucht nicht nur modernes Fleisch. Ihre Fabriken sind auch zu Produktionsstätten resistenter Bakterien geworden. Das geschieht natürlich nicht mit Absicht. Es ändert aber nichts an den Auswirkungen.

Der amerikanische Kongress berät gerade einen Gesetzesentwurf, der versucht, die verbliebene Brauchbarkeit der Antibiotika zu erhalten, den sogenannten H.R. 1549, das Gesetz zur Erhaltung von Antibiotika für medizinische Zwecke (*Preservation of Antibiotics for Medical Treatment Act*). Es wurde von der demokratischen Abgeordneten aus dem Staat New York, Louise Slaughter, eingebracht und soll die routinemäßige Anwendung verschiedener Antibiotika bei der Tierfütterung untersagen.

Es soll nicht den Einsatz dieser Medikamente bei der Behandlung kranker Tiere verbieten, sondern nur die Praxis, das Medikament routinemäßig gesunden Rindern zu verabreichen, um sie „zum Wachstum anzuregen". Rinder, die nicht in Massentierhaltung leben, benötigen nur selten Antibiotika, bei der Massentierhaltung aber ist man von den Medikamenten völlig abhängig.

Vertreter der modernen Fleischindustrie wenden ein, dass Krankheiten rasch um sich greifen und noch mehr Antibiotika benötigt werden würden, wenn man auf die täglichen Antibiotikagaben verzichtete. Das trifft aber nur dann zu, wenn man nichts an der Dichte der gehaltenen Tiere ändert, am Fehlen sanitärer Einrichtungen und anderen ungesunden Bedingungen, die die Massentierhaltung kennzeichnen.

Die Landwirtschaftslobby und die Pharmaindustrie bekämpfen H.R. 1549, weil sie wissen, dass es das Ende der Unterstützung für die großbetriebliche Massentierhaltung bedeuten könnte. Sie wollen die Medikamente weiterhin flächendeckend einsetzen, obwohl längst erwiesen ist, dass diese Praxis zur Resistenz bei Bakterien führt, die menschliche Gesundheit bedroht und Krankheiten verursacht, die schwer oder überhaupt nicht mehr heilbar sind.

Dr. Jeffrey Fisher, Pathologe und Berater der Weltgesundheitsorganisation, erläutert die Schwere des Problems: „Jetzt schwingt das Pendel in die 1930er zurück. Auf die Krankenhäuser kommt zu, dass sie es erneut in großem Maße mit unbehandelbaren Infektionskrankheiten wie Lungenentzündung, Tuberkulose, Meningitis, Typhus und Ruhr zu tun haben."

Sie werden sich fragen, wie die Viehindustrie ihre gegenwärtige Praxis verteidigt? Das ist zwar nicht einfach, doch sie findet immer wieder einen Weg. Falls Leugnen jemals olympische Disziplin wird, dann gewinnt ihr Sprecher bei den jüngsten Anhörungen im Kongress, der republikanische Abgeordnete John Shimkus aus Illinois, sicher die Goldmedaille. „Bisher", erklärte er, „gibt es keine nachgewiesene Verbindung zwischen dem Einsatz in der Viehzucht und der zunehmenden Resistenz bei Menschen."

Gerne sage ich das dem Abgeordneten Shimkus nicht, aber es gibt seit Jahren schon einen wissenschaftlichen Konsens, dass der routinemäßige Einsatz von Antibiotika in der Tierzucht als Hauptverursacher antibiotikaresistenter Bakterien belegt ist. Aber ich gebe dem wackeren Abgeordneten etwas Geschichtsunterricht:

1989 stellte das *Institute of Medicine*, eine Abteilung der *National Academy of Sciences*, fest, dass die Antibiotikaresistenz von Bakterien eine Folge der Verwendung von Antibiotika bei der Massentierhaltung ist und diese die Einsatzmöglichkeit der Medikamente bei der Behandlung menschlicher Krankheiten ernsthaft gefährdet. Drei Jahre später erklärte das *Institute of Medicine, Multiple Drug Resistance*-Bakterien (die also gegen viele Medikamente resistent sind) seien nunmehr ein besorgniserregendes medizinisches Problem. Als Verursacher machte das *Institute of Medicine* die Massentierhaltung aus.

1997 forderte die Weltgesundheitsorganisation ein Verbot des Einsatzes der Routinefütterung von Antibiotika an Vieh. Ein Jahr später nannte die Zeitschrift *Science* die Fleischindustrie „die treibende Kraft hinter der Entwicklung von Antibiotikaresistenz bei Spezies von Bakterien, die Krankheiten beim Menschen verursachen". 1998 gab die amerikanische Gesundheitsbehörde *CDC* dem routinemäßigen, nichtmedizinischen Einsatz von Antibiotika in der Viehzucht die Schuld an der Entstehung von Salmonellen, die gegen fünf unterschiedliche Antibiotika resistent geworden waren.

Mittlerweile ist in vielen Ländern – darunter Kanada, Großbritannien, den Niederlanden, Schweden, Finnland, Dänemark, Deutschland und vielen andere europäische Ländern – die Routinefütterung des Viehs mit Antibiotika verboten. In den Vereinigten Staaten gab es immer wieder Gesetzesvorgaben, die das Gleiche versuchten, sie scheiterten aber immer an der Lobbyarbeit der Fleischindustrie. Keine wurde je angenommen.

Nun greift H.R. 1549 dieses Problem erneut auf – und natürlich ist die gesamte Viehindustrie strikt gegen das Gesetz. Zumindest erkennt der republikanische Abgeordnete aus Pennsylvania, Tim Murphy, an, dass der wissenschaftliche Konsens nicht bestritten werden könne. „In den letzten drei Jahrzehnten haben alle Indizien darauf hingedeutet, dass zwischen der routinemäßigen Zugabe geringer Mengen Antibiotika zur Tiernahrung und dem Übergang antibiotikaresistenter Bakterien auf den Menschen eine Verbindung besteht."

70 Prozent aller Infektionen während einer Behandlung in den USA seien gegen zumindest ein Antibiotikum resistent, so Murphy. Das kostet das amerikanische Gesundheitswesen ganze 50 Milliarden Dollar pro Jahr.

Vor Kurzem berichtete die Journalisten Katie Couric in den *CBS Evening News* über dieses Thema: „In dieser Woche befürchten Kritiker im Kapitol, dass die medizinisch nicht notwendige Verabreichung von Antibiotika an Vieh zur Entstehung gefährlicher, gegen das Medikament resistenten Bakterien beiträgt, die auf den Menschen übertragen werden können."

Wie man sich vorstellen kann, gefiel das der Rinderindustrie überhaupt nicht.

„Oh Katie, warst du je eine Journalistin, oder hast du uns das immer nur vorgemacht", schrieb verärgert ein Sprecher der Fleischindustrie. Er nannte den Bericht eine „Hexenjagd" auf das Konzept gesunder Farmtiere.

Wenn es also um das Leugnen geht, ist man bei der *National Cattlemen's Beef Association* in den besten Händen. Sie lässt sich von solch einer Winzigkeit wie den Schlussfolgerungen praktisch jedes Gesundheitsexperten und jeder Gesundheitsorganisation nicht stören und erklärt uns, „dass der Einsatz von Antibiotika in der Tierfütterung nur einen zu vernachlässigenden Beitrag zum Problem der Resistenz leistet".

Zu vernachlässigen? Nicht nach Dr. Frederick J. Angulo, einem Epidemiologen an den *Centers for Disease Control and Prevention*. „Die öffentliche Gesundheitsbehörden sind sich einig", meint er. „Es gibt keine Kontroverse über die Herkunft der Antibiotikaresistenz in Lebensmittelpathogenen. Sie ist ein Resultat des Einsatzes von Antibiotika in der Viehzucht."

Die moderne Fleischindustrie hat jedoch so viel Einfluss, dass aus H.R. 1549 kaum je ein Gesetz werden wird. Vermutlich kommt er nie über das Beratungsstadium heraus. Das ist eine Schande. Dr. Ali Khan, der stellvertretende Direktor des *CDC*, berichtete 2011 dem Kongress, die Beweislage bezüglich der Erzeugung antibiotikaresistenter Bakterien durch den Gebrauch von Antibiotika in der Viehzucht sei „eindeutig und erdrückend".

Ohne entsprechende Gesetzgebung haben wir nur den „dringenden Wunsch" der Arzneimittelbehörde *FDA*, die Industrie möge ihren

Gebrauch von Antibiotika freiwillig einschränken. Die Produzenten werden allerdings ihren Medikamentenverbrauch nicht einschränken, solange sie der Ansicht sind, dass ihnen das Wettbewerbsnachteile gegenüber anderen Produzenten bringt, die das nicht tun. Mittlerweile werden immer mehr Bakterien resistent. Wir sind zunehmend anfällig für lebensbedrohliche Krankheiten, die wir nicht mehr erfolgreich bekämpfen können.

Der weitverbreitete Einsatz von Antibiotika in der Tierhaltung vergrößert in geringem Maße den Ertrag und die Gewinnspanne der Massentierhaltung. Glauben die Amerikaner aber wirklich, dass es wichtiger ist, die Massentierhaltung profitabler zu gestalten, als die Wirksamkeit eines der wichtigsten jemals entwickelten medizinischen Mittel zu erhalten?

9

Gier und Salmonellen – ein tödliches Duo

S eit Jahren erzählt uns die amerikanische Eierindustrie, es gebe keinen Zusammenhang zwischen dem Ausbruch von Salmonellen und der Tatsache, dass man Hühner in Käfige sperrt, die so eng sind, dass die Tiere nicht einmal die Flügel bewegen können. Sie hat das so lange behauptet, dass sie es vielleicht selbst schon glaubt. 2011 erklärte die führende Handelsgruppe der amerikanischen Eierindustrie also erneut, die Käfighaltung sei nur „zur Sicherheit" da.

Da zurzeit über 95 Prozent aller Eier in den USA aus Käfighaltung stammen und jedes Jahr mehr als eine Million Amerikaner an Salmonellen erkranken, geht es hier um mehr als nur darum, wer recht hat. Salmonellen vergiften Menschen, und diese schmerzhafte Erkrankung kann für sehr junge Menschen, für Ältere und jeden mit geschwächtem Immunsystem tödlich verlaufen.

Sie haben wohl schon gehört, dass es in den USA eine ganze Reihe von Salmonelleninfektionen gab, die durch verdorbene Eier verursacht wurden. Jüngst wurden innerhalb von nur zwei Wochen mehr als 500 Million Eier zurückgerufen. Und wieder einmal behauptet die Industrie, das Problem stehe in keinerlei Zusammenhang damit, dass Hühner ihr gesamtes Leben in einem Käfig verbringen, in dem sie sich kaum noch bewegen können. Jeder, der das Gegenteil behauptet, sei ein fanatischer Tierrechtsaktivist, der nur seiner Ideologie fröne.

Überlegen wir aber einmal. Der Chefredakteur des Branchenmagazins *Egg Industry* gehört sicherlich nicht zu den sogenannten fanatischen Tierschützern. Was denkt er über den offiziellen Standpunkt der Industrie, dass es keine Auswirkungen auf die menschliche Gesundheit hat, wenn man Hühner in winzige Käfige quetscht? Diese Behauptung, schrieb er vor Kurzem in deutlichen Worten, „ist unhaltbar, ... überzeugt nicht, ist nicht durch Beweise gestützt und kann leicht widerlegt werden".

Auch wenn diese Worte auf der nächsten Versammlung von Moguln der Eierindustrie keine Begeisterung auslösen dürften, stimmen sie tatsächlich. In den letzten fünf Jahren sind zu dieser Frage neun wissenschaftliche Untersuchungen in Fachzeitschriften erschienen. Jede einzelne davon hat erhöhte Salmonellenwerte in Eiern aus Käfighaltung nachgewiesen.

Ein 2010 in *World Poultry* unter dem passenden Titel „Salmonellen wachsen und gedeihen bei Käfighaltung" erschienener Artikel stellte fest, dass Eier von Hühnern aus Käfighaltung immer ein hohes Salmonellenrisiko aufweisen.

Die *Humane Society of the United States* (*HSUS*) wies vor Kurzem in einer Anzeigenkampagne darauf hin, dass jedes von rund einer halben Milliarde Eiern, die bei einer umfangreichen Rückholaktion aus dem Verkehr gezogen worden waren, von Hennen aus Käfighaltung stammte. Die Praxis, eierlegende Hennen zu einem Leben in winzigen Käfigen zu verdammen, bereitet nicht nur Sorgen um das Wohl der Tiere, so die Anzeige. Es geht um unsere Gesundheit. Bringt man Tiere in Käfigen unter, die so klein sind, dass sie nicht einmal einen Schritt gehen können, ist das nicht nur unmenschlich – es ist ein Gesundheitsrisiko.

Vielleicht stimmt etwas mit der *HSUS* nicht? Schließlich handelt es sich um eine Tierschutzorganisation. Aber heißt das automatisch, dass sie die Wahrheit verdreht? Nicht wenn man einer Untersuchung folgt, die im *American Journal of Epidemiology* veröffentlicht wurde. Ihr zufolge könnte die Eierindustrie durch die Abschaffung der Käfighaltung das Gesundheitsrisiko für Salmonelleninfektionen durch verdorbene Eier in Amerika um 50 Prozent senken.

Und was sagt die Eierindustrie dazu? Fürchtet sie, wegen der Gesundheitsgefährdung durch ihre verdorbenen Produkte finanziell in Regress genommen zu werden? Nicht wirklich, denn sie ruht in dem sicheren Wissen, dass das Nahrungsmittelsicherheitssystem Amerikas so angelegt ist, dass es nicht die Gesundheit der Menschen, sondern die Agrarindustrie vor Regressansprüchen schützt.

Warum also am Status quo rütteln?

Außer – dass der schon erschüttert ist. Seit Januar 2012 ist in der Europäischen Union die Käfighaltung von Hühnern verboten. In den Vereinigten Staaten haben Michigan und Kalifornien bereits Gesetze über das Ende der Käfighaltung erlassen. In Kalifornien hat Gouverneur Arnold Schwarzenegger ein Gesetz unterzeichnet, nach dem Eier, die im Staat verkauft werden, ab 2015 nicht mehr aus Käfighaltung stammen dürfen. Und weitere Staaten erwägen eine ähnliche Gesetzgebung.

Die Eierindustrie verteidigt den Status quo durch die Drohung, gesündere Eier von Hühnern, die man besser behandelt, würden erheblich teurer sein; das würde zur Fehlernährung bei ärmeren Leuten führen. Ein starkes Argument, aber es stimmt nicht. Berechnet man alle ökonomischen Faktoren, dann bedeutet der Verzicht auf Käfighaltung, dass Eier höchstens einen Cent pro Stück teurer werden.

Deshalb haben mehrere Fastfood-Unternehmen, darunter *Burger King*, *Subway* und *Wendy's* und Supermarktketten wie *Trader Joe's*, *Safeway* und *Walmart* sich in unterschiedlichem Maße dazu verpflichtet, auch Eier aus Boden- und Freilandhaltung anzubieten. Und deshalb haben große Lebensmittelhersteller wie *Hellmann's* (mit Slogan: „Das beste Essen in den westlichen Staaten"), das pro Jahr rund 350 Millionen Eier für Mayonnaise verbraucht, angekündigt, künftig keine Eier aus Käfighaltung mehr zu verwenden.

McDonald's hat in den Vereinigten Staaten etwas länger gebraucht, um das zu verstehen. Ein Vorstandmitglied des Burger-Giganten meinte vor Kurzem, man solle Hühner doch nicht wie Königinnen behandeln. Aber bedeutet der Verzicht auf Käfighaltung bereits, dass man ein Huhn wie eine Monarchin behandelt? Das ist nicht der Fall. Der Verzicht auf Käfighaltung heißt nicht, dass die Eierproduktion nun weniger grausam wäre. Aber zumindest haben Hühner dann zwei- bis dreimal so viel Raum pro Vogel als Hennen in Käfigen. Und im Gegensatz zu Hühnern in Käfighaltung können sie aufstehen, ihre Gliedmaßen ausstrecken, sich hinlegen und umblicken.

Aus Sicht des Tierschutzes sind auch Eier, die nicht aus Käfighaltung stammen, bedenklich, aber auf jeden Fall besser. Aus der Sicht

der öffentlichen Gesundheit ist die Abschaffung der Käfighaltung ein notwendiger und dringender Schritt.
Was können Sie tun?

o Kaufen Sie ausschließlich Eier, die nicht aus Käfighaltung stammen.

o Wenn Sie Eier essen wollen, verwenden Sie Bio- oder Freilandeier.

o Essen Sie niemals rohe Eier.

o Bezahlen Sie nicht mehr für braune Eier. Sie sind nicht nahrhafter als weiße Eier, sie stammen nur von einer anderen Hühnerrasse.

o Lassen Sie sich nicht irreführen, wenn behauptet wird, die Eier seien ohne Hormonzusätze erzeugt worden. Es klingt gut, bedeutet aber nichts. In den USA sind Hormonzusätze ohnehin untersagt.

o Seien Sie sich bewusst, dass die Eierindustrie sich mittlerweile der Sprache der humanen Landwirtschaft bedient. Weil das Bewusstsein, wie grausam Eier in der Massentierhaltung erzeugt werden, immer stärker anwuchs, hat die Handelsgruppe *United Egg Producers* darauf reagiert – nicht, indem sie die Hühner besser hält, sondern indem sie die Eier mit „Zertifizierter Tierschutz" etikettiert. Dieses Zertifikat ist tatsächlich nur ein irreführender Versuch der Industrie, ihr beschmutztes Image reinzuwaschen. Nachdem das Gesetz sie gezwungen hatte, das irreführende Etikett zu entfernen, ließ sich die Industrie einen weiteren Betrug einfallen, um die Kunden falsch zu informieren. Nun steht auf den Eierkartons, sie seien „unter Beachtung der United-Egg-Tierhaltungs-Richtlinien" erzeugt worden. Das soll den Konsumenten in Sicherheit wiegen, dass er keine Eier aus verdreckten Eifabriken kauft, eben aus den Betrieben, deren salmonellenverseuchte Eier jüngst zurückgerufen werden mussten.

o Wenn Sie Eier essen, gehen Sie nicht in den Supermarkt, sondern auf den örtlichen Bauernmarkt.*

---

* Dies lässt sich nicht auf Deutschland übertragen. Je nachdem, ob es sich um konventionelle oder um Bio-Höfe handelt, werden konventionell er-

Heute sind Eier aus Freiland- oder Bodenhaltung und Bio-Eier in der Tat noch etwas teurer. Lohnt sich diese Zusatzausgabe? Das muss jeder Verbraucher für sich entscheiden. Je mehr man zu dem Thema weiß, desto besser aber kann man sich entscheiden. Zieht man das Risiko einer Salmonelleninfektion in Betracht, den Unterschied bei Geschmack und Nährwert – und dann noch den Faktor, wie viel Qual bei der Produktion auftritt – dann klingt es schon weitaus weniger nach Luxus, wenn man keine Eier mehr aus Tier-KZs kauft. Je mehr man darüber weiß, desto mehr klingt es wie eine moralische und gesundheitliche Notwendigkeit.

---

zeugte oder aber Bio-Eier angeboten. Außerdem werden Bio-Eier – und andere ökologisch erzeugte Lebensmittel – mittlerweile nicht nur in Bio-Läden und -Supermärkten, sondern von den meisten Lebensmittelketten angeboten. Anm. d. Übers.

10

Kinder mit Brüsten – Probleme mit den Hormonen in unserer Milch

Weiblichen Babys in China, die mit Milchpulver gestillt wurden, wuchsen Brüste. Das bringt die Menschen auf, und das aus gutem Grund. Laut der amtlichen chinesischen Nachrichtenagentur wurden bei medizinischen Tests bei Babys und Kleinkindern im Alter zwischen vier und fünfzehn Monaten Östrogenwerte im Blut nachgewiesen, die denen der meisten erwachsenen Frauen entsprachen. Als Auslöser gilt das Milchpulver, mit dem sie gefüttert wurden.

Synutra, der Hersteller dieses Milchpulvers, das die Babys erhielten, weist jede Schuld von sich und bekräftigt, dass keine „künstlichen Hormone oder andere illegale Substanzen während der Produktion des Milchpulvers zugesetzt wurden".

Woher stammen die Hormone aber dann? Ein chinesischer Molkereiverband vermutet, dass die Hormone während der Aufzucht der Milchkühe in die Nahrungskette gelangten. „Weil es in China noch keine Verordnung gibt, die die Verwendung von Hormonen in der Viehhaltung untersagt", erklärt Wang Dingmian, der ehemalige Vorsitzende eines Molkereiverbandes in der südlichen Provinz Guangdo, „wäre es eine Lüge, wenn man den Einsatz bestritte". Rinderwachstumshormone werden in China - wie in den USA - verwendet, um höhere Milchleistungen zu erzielen.

Viele Nahrungsmittel, die heute in den Vereinigten Staaten auf dem Markt sind, stammen aus China. Könnte also dieses verseuchte Milchpulver in die USA gelangen? - Zurzeit gibt es keine Möglichkeit für Verbraucher, zu erkennen, ob das von ihnen gekaufte Milchpulver mit Milch aus China hergestellt wurde.

Falls es also in den Vereinigten Staaten zu Problemen kommt – wer haftet dann? Die Händler? Die Importeure? Die chinesischen Hersteller? Wird man überhaupt jemanden verantwortlich machen können? So etwas geschieht nicht zum ersten Mal. In den 1980ern stießen Ärzte in Puerto Rico immer wieder auf Fälle frühreifer Pubertät – vier Jahre alte Mädchen mit voll entwickelten Brüsten; drei Jahre alte Mädchen mit Schamhaar und vaginalen Blutungen; einjährige Mädchen, die noch nicht einmal laufen gelernt hatten, denen aber bereits Brüste wuchsen. Und es betraf nicht nur Mädchen, sondern auch Jungen. Viele mussten operativ behandelt werden, weil sie unter enorm angeschwollenen Brüsten litten.

Dr. Carmen A. Saenz erläuterte einige Jahre später im *Journal of the Puerto Rico Medical Association* den Auslöser: „Bei 97 Prozent aller Fälle des Wachsens abnormen Brustgewebes konnte man eindeutig nachweisen, dass es ... in Verbindung mit örtlicher Vollmilch auftauchte."

Das Problem wurde bis auf den Hormonmissbrauch bei Milchkühen zurückverfolgt. Als Dr. Saenz gefragt wurde, wie sie sich sicher sein könne, dass bestimmte Babys und Kleinkinder mit Hormonen aus der Milch statt mit solchen aus einer anderen Quelle kontaminiert waren, sagte sie einfach: „Wenn wir unseren jungen Patienten keine Milch mehr geben ... verschwinden die Symptome."

Wie China sind die Vereinigten Staaten heute eines der wenigen Länder der Welt, das noch bovine Wachstumshormone bei Milchkühen zulässt. Obwohl sie in Kanada, Japan, Australien, Neuseeland und in praktisch allen Staaten Europas verboten sind, ist der Einsatz der Hormone in der Milchindustrie der USA nicht nur legal, sondern in allen fünfzig Staaten gängige Praxis.

Die amerikanische Milchindustrie versichert uns, das sei kein Problem. Und doch gibt es ein sehr reales Problem namens Insulinähnlicher Wachstumsfaktor-1 (IGF-1). Eigene Untersuchungen durch *Monsanto*, aber auch solche von *Eli Lilly & Co.* haben bis zu zehnfach erhöhte IGF-1-Werte in Milch von Kühen gefunden, denen bovine Wachstumshormone (BGH) injiziert wurden.

Warum stellt das ein Problem dar? Ein Bericht einer von der Europäischen Kommission ernannten sechszehnköpfigen internationalen wissenschaftlichen Forschungsgruppe bestätigte, dass extrem hohe IGF-1-Werte immer in der Milch von Kühen anzutreffen sind, die BGH erhielten. Er schlussfolgerte zudem, dass extrem hohe IGF-1-Werte ein ernsthaftes Risiko darstellen, an Brust-, Darm- und Prostatakrebs zu erkranken.

Wie groß ist dieses Risiko? Nach einem Artikel, der am 9. Mai 1998 in der medizinischen Fachzeitschrift *Lancet* erschien, weisen Frauen mit einem moderaten Anstieg ihrer IGF-1-Werte im Blut ein bis zu sieben Mal erhöhtes Risiko auf, an Brustkrebs zu erkranken, als Frauen mit geringeren Werten.

Nehmen Menschen IGF-1 durch Molkereiprodukte in den Körper auf, wird es rasch ins Blut absorbiert. Es wird im menschlichen Verdauungstrakt nicht zerstört. Auch die Pasteurisierung ändert daran nichts. Tatsächlich erhöht sie die IGF-1-Werte der Milch.

Was soll der Verbraucher demnach tun?

Wenn nur irgend möglich, stillen Sie Ihr Kind. Setzen Sie sich für still-freundliche Arbeitsplätze ein. Man kann die gesundheitlichen Vorzüge des Stillens, sowohl für die Mutter als auch für das Kind, gar nicht überbewerten. Sie sind beträchtlich, besonders heute, wo zumindest die Möglichkeit besteht, dass Milchpulver und Babynahrung durch zu viele Hormone verunreinigt sind.

Wenn Sie Milchprodukte kaufen, achten Sie auf das Bio-Siegel. In den USA dürfen Milchprodukte mit dem Bio-Siegel nicht mit bovinen Wachstumshormonen (BGH) erzeugt werden. Manchmal ist auf Milchprodukten auch eigens ausgewiesen, dass sie ohne Einsatz von BGH (auch Rinder-Somatotropin, bST oder BST genannt) erzeugt wurden. *Starbucks* beispielsweise verwendet ausschließlich Milch, die ohne das Hormon produziert wurde. Die Eiscreme *Ben & Jerry's* verwendet ebenfalls nur Milch und Sahne von Milchfarmen, die sich verpflichtet haben, auf BGH zu verzichten.

Essen Sie gerne Käse, denken Sie daran, dass amerikanischer Käse sehr wahrscheinlich mit BGH und extrem hohen Werten von IGF-1 kontaminiert ist, falls er nicht das Bio-Siegel trägt oder als BGH-frei deklariert ist. Die meisten aus Europa importierten Käse sind jedoch sicher, weil die Hormone fast überall in Europa verboten sind.

Haben Sie sich nun gefragt, warum Milchprodukte, die von Kühen stammen, denen man BGH injiziert, nicht als solche ausgewiesen sind? Das kommt daher, dass *Monsanto*, der ursprüngliche Hersteller der BGH, in vielen Bundesstaaten aggressive und erfolgreiche Lobbyarbeit betrieben hat, um zu vermeiden, dass diese Hormone deklariert werden müssen.

Als reiche das allein noch nicht, arbeitet *Monsanto* weiterhin unablässig daran, dass BGH-freie Milchprodukte als solche nicht gekennzeichnet werden dürfen. Es sei denn, auf den Etiketten wird ausdrücklich festgestellt, dass BGH nicht schädlich sind! Wie rechtfertigt *Monsanto* ein solches Verbot? Das Unternehmen vertritt die Ansicht, ein Händler dürfe dem Konsumenten nicht erklären, ein bestimmtes Milchprodukt sei BGH-frei, selbst wenn das stimmt, weil das Wettbewerbsnachteile für Produkte mit BGH mit sich bringe.

Monsanto tut also so, als verursache eine faire Auszeichnung von Produkten eine irrationale, kulturbedingte Entscheidung. Tatsächlich aber sind es die Produkte dieser Firma, die unsäglichen Schaden bei den Menschen verursachen.

11

Sind in deinem Lieblingseis *Monsantos* künstliche Hormone?

M onsanto war kürzlich wieder in den Schlagzeilen, als ein US-Bezirksgericht entschied, dass die *USDA* zumindest so tun müsse, als erwäge sie Regulierungen bezüglich der genmanipulierten Zuckerrübe dieses Unternehmens. Wie Sie vielleicht wissen, handelt es sich bei *Monsanto* um kein Unternehmen, das je einen Beliebtheitspreis gewinnen wird. Man hat es tatsächlich das am meisten gehasste Unternehmen der Welt genannt – und das bedeutet schon etwas, wenn man die Mitbewerber wie *BP*, *Halliburton* und *Goldman Sachs* betrachtet.

Das ließ mich ausgerechnet über Speiseeis nachdenken und darüber, wie *Monsanto* seine Finger auch bei einigen der am meisten verkauften Eismarken unseres Landes im Spiel hat. Diese Marken könnten sich ganz einfach aus *Monsantos* Griff befreien. Das haben sie jedoch noch nicht getan, aber vielleicht wird sich das bald ändern.

Ben & Jerry's bezieht seine gesamte Milch von Molkereien, die sich dazu verpflichtet haben, ihren Kühen keine Injektionen mit genetisch manipulierten bovinen Wachstumshormonen (rBGH) zu verabreichen. Warum also tun es ihnen *Häagen-Dazs*, *Breyers* und *Baskin-Robbins* nicht gleich?

Starbucks garantiert, dass alle von ihm verwendete Milch, Sahne und andere Milchprodukte rBGH-frei sind. Desgleichen *Yoplait* und *Danone*-Joghurt, Käse von *Tillamook*, die Restaurantkette *Chipotle* und viele andere. Doch die Speiseeisgiganten *Häagen-Dazs*, *Breyers* und *Baskin-Robbins* verwenden weiterhin Milch von Kühen, denen rBGH injiziert wurde, ein Hormon, das in Kanada, Neuseeland, Japan, Australien und allen siebenundzwanzig Staaten der Europäischen Union verboten ist. Und als wollten sie das Ganze noch schlimmer machen, haben *Häagen-Dazs* und *Breyers* die Stirn, uns direkt auf ihren Etiketten auch noch zu erklären, ihr Eis sei „ganz natürlich".

Wir sollten *Monsanto* für rBGH dankbar sein. *Monsanto* hat diese künstlichen Hormone entwickelt, sie jahrelang aggressiv vermarktet und den Geschäftsbereich dann 2008 an *Elanco* verkauft, ein Unternehmen des Pharmariesen *Eli Lilly*. Natürlich will *Monsanto* (und jetzt auch *Elanco*), dass wir glauben, das Hormon sei in jeder Hinsicht unbedenklich und sicher. Seit je war es Konsens bei *Monsanto*, dass es „keinen signifikanten Unterschied" zwischen der Milch von Kühen gibt, die das Hormon erhielten, und jenen, denen man es nicht verabreichte.

Ich aber schlucke diese Behauptung von *Monsanto* nicht. Wenn dem so wäre, warum haben dann so viele Staaten rBGH verboten? Werden denn all diese Staaten von Ludditen* regiert, die jeden Fortschritt und jede technische Neuerung verdammen? Oder haben sie im Gegenteil wirklich einen Grund dafür?

Und ob es einen gibt. Einer davon lautet, dass die Injektion des genetisch manipulierten Wachstumshormons bei den Kühen den IGF-1-Wert in der Milch erhöht. *Monsanto*-eigene Untersuchungen ergaben, dass der IGF-1-Wert der Milch mehr als doppelt so hoch lag, wenn man den Kühen rBGH injiziert hatte. Untersuchungen unabhängiger Forscher ergaben sogar Erhöhungen bis um das Zehnfache, die ernsthaft das Risiko steigern, an einer Form von Krebs zu erkranken. Frauen mit erhöhten IGF-1-Werten bekommen sieben Mal häufiger Brustkrebs.

Als reichten diese Gesundheitsrisiken noch nicht aus, um den Einsatz von rBGH zu verbieten, gibt es noch weitere Gründe. Das künstliche Hormon ist ebenfalls berüchtigt, weil es den Kühen Schmerzen

---

*　*Ludditen* wurden englische Textilarbeiter genannt, die Anfang des 19. Jahrhunderts im Kampf gegen die sozialen Folgen der Industrialisierung auch Maschinen zerstörten („Maschinenstürmer"). Anm. d. dt. Hrsg.

und Stress verursacht. Es führt bei Kühen, denen es injiziert wurde, zu schmerzhaften und behindernden Erkrankungen wie Lahmheit und Brustdrüsenentzündung. Weil es zudem bei Milchküchen zur Entzündung der Euter führt, muss die amerikanische Milchindustrie immer höhere Dosen Antibiotika einsetzen.

Hat die Zunahme von Euterinfekten irgendeine Auswirkung auf die Milch – und damit auf das Eis, auf jeden Käse und jedes andere Produkt, das aus dieser Milch hergestellt wird? Das ist tatsächlich so, wie Dr. Richard Burroughs, Tierarzt und rBGH-Experte, herausgefunden hat. „Es führt zu einer Zunahme der weißen Blutkörperchen", stellt er fest, „was bedeutet, dass die Milch Eiter enthält!" Der Einsatz von Antibiotika, meint er, „hinterlässt ebenfalls Spuren in der Milch. Es ist ein ernstes Problem."

Wie konnte dann aber ein so dubioses und gefährliches Produkt in den USA jemals zugelassen werden? Die Antwort auf diese Fragen zeigt, wie sehr und wie erfolgreich *Monsanto* unsere staatliche Nahrungsmittelpolitik zu kontrollieren imstande ist.

Eine der umstrittensten Entscheidungen in der Geschichte der *FDA* war die von 1993, den Einsatz von rBGH zu erlauben. Verantwortlich für diese – in weiten Kreisen von Wissenschaft, Regierungsbeamten und Landwirten wie auch von Beamten der *FDA* selbst heftig kritisierte – Entscheidung zeichnete Michael R. Taylor, von 1991 bis 1994 stellvertretendes Mitglied der Kommission für Vorgehensweisen der *FDA*.

Verhielt sich Taylor wirklich neutral? Bevor er den Posten bei der *FDA* innehatte, arbeitete er als Anwalt bei *King & Spaulding, Monsantos* Rechtsvertretern, wo er für Getränke und Nahrungsmittel verantwortlich war. Nachdem die Entscheidung gefällt worden war, die den rBGH grünes Licht gab, verließ er die *FDA* und arbeitete erneut als Vizepräsident und Chef-Lobbyist für *Monsanto*.

Wie groß war Taylors Rolle bei der Zulassung von rBGH? Am 15. August 2010 stand in seinem Wikipedia-Eintrag, er sei „jeder Art von Regulierung des Lebensmittelmarktes gegenüber feindlich eingestellt" und „gelte als Hauptverantwortlicher beim Durchboxen der rekombinanten bovinen Wachstumshormone (rBGH) bei der amerikanischen Arzneimittelbehörde *FDA* und dafür, dass sie undeklariert in der Milch sein dürfen". (Dieser Satz wurde sofort aus Wikipedia getilgt, nachdem ich ihn in einem Artikel angeführt hatte, den die *Huffington Post* veröffentlichte. Wenn es dir gelingt, die Schlüsselpositionen bei der *FDA* nach eigenem Gusto zu besetzen, sind Änderungen bei Wikipedia ein Kinderspiel!)

Der Kongressabgeordnete Bernie Sanders bezog sich besonders auf Taylor, als er meinte, die *FDA* habe „ungebremsten Firmeneinfluss bei seiner Freigabe der rBGH zugelassen". Die Dokumentarfilme *The World According to Monsanto* und *The Future of Food* zeigen, wie Taylor bei der *DFA* immer im Sinne von *Monsanto* handelte, und ist ein drastisches Beispiel für den großen Einfluss von Unternehmen auf diese Behörde. Heute arbeitet Taylor wieder für die *FDA*, und zwar als stellvertretendes Mitglied der Kommission für Nahrungsmittel.

In Kanada verlief die Sache anders, aber nicht etwa, weil *Monsanto* Ruhe gegeben hätte. Als Kanada den Antrag *Monsantos* auf die Zulassung von rBGH wissenschaftlich prüfte, sagten kanadische Gesundheitsbeamte aus, *Monsanto* habe sie zu bestechen versucht, und Wissenschaftler der Regierung bezeugten, sie seien von hohen Tieren gedrängt worden, gegen ihr besseres wissenschaftliches Urteil rBGH zuzulassen. 1999 lehnten die kanadischen Gesundheitsbehörden jedoch nach achtjährigen Untersuchungen *Monsantos* Antrag auf Zulassung von rBGH ab.

Heute nimmt *Monsanto* in den USA massiv Einfluss auf die Lebensmittelpolitik. Trotz – oder gerade wegen – *Monsantos* giftigen und hartnäckigen Griffs nach der Lebensmittelpolitik unseres Landes ist allerdings eine Gegenbewegung entstanden. Jeden Tag weigern sich immer mehr Menschen, Eis und andere Molkereiprodukte zu kaufen, die mit rBGH hergestellt wurden. Und jeden Tag fügt eine weitere Organisation ihren Namen zu der wachsenden Liste von Gruppen, die gegen den zunehmenden Einfluss von *Monsanto* kämpfen und fordern, dass die *DFA* ihre Zulassung des Einsatzes von rBGH zurücknimmt.

Ende letzten Jahres verlangte die renommierte *American Public Health Association* offiziell ein Verbot der rBGH. Die Verbraucherschutzorganisation *Consumers Union* hat sich in ihrem Bericht ebenfalls offiziell gegen rBGH ausgesprochen. Desgleichen der amerikanische Krankenschwesternverband *Nurses Association, Health Care without Harm, Food and Water Watch,* das *Center for Food Safety,* die *National Family Farm Coalition, Family Farm Defenders* und viele weitere Gruppen.

Zum gegenwärtigen Zeitpunkt führt der Regionalverband Oregon der Ärzte für gesellschaftliche Verantwortung (*Physicians for Social Responsibility, PSR*) im ganzen Bundesstaat eine Kampagne durch, die Breyers (zu deren Marken *Good Humor, Klondike Bars* und *Popsicle* gehören) und *Dreyer's* (zu deren Marken *Häagen-Dazs, Nestlé* und *Edy's* gehören) dazu bringen soll, auf rBGH zu verzichten. Die Kampagne hat insbesondere *Breyers* und *Dreyer's* im Visier, weil sie in unserem Land die größten Speiseeishersteller sind.

Monsanto und seine Verbündeten haben eine große Vision. Sie wollen den Lebensmittelmarkt der Welt beherrschen. Lassen Sie das nicht zu. Lassen Sie auch nicht zu, dass das Unternehmen ihnen seine genmanipulierten Produkte verabreicht. Das ist kein Genuss, selbst wenn es sich um so etwas Verlockendes wie Eis handelt.

12

Verblüffend: Bitterschokolade ist gesund!

Die Lebensmittelindustrie mag es nicht gern hören, aber Schokolade ist in letzter Zeit ganz schön ins Gerede gekommen. Es heißt, dass sie Akne verursache, dass man stattdessen besser Johannisbrot essen sollte, dass Schokolade Junkfood sei. Aber all diese Anschuldigungen verdient Schokolade nicht, sie stimmen nicht und kriminalisieren fälschlich ein köstliches Nahrungsmittel, das viele wichtige Heilwirkungen hat.

Tatsächlich gibt es immer mehr glaubwürdige wissenschaftliche Belege dafür, dass Schokolade jede Menge dem Herzen und der Stimmung zuträgliche Phytochemikalien enthält, die auf Geist und Körper heilsam wirken.

Zum einen enthält Schokolade viele Antioxidantien. Diese Substanzen reduzieren die fortwährenden Zell- und Arterienschäden, die durch Oxidation verursacht werden.

Vielleicht haben Sie schon von einem Antioxidans namens Polyphenol gehört. Diese schützende Chemikalie findet man in pflanzlichen Nahrungsmitteln wie Rotwein und grünem Tee. Schokolade, so hat sich gezeigt, enthält besonders viele Polyphenole. Forschern des *University of Texas Southwestern Medical Center* in Dallas zufolge weist Schokolade dieselbe antioxidative Wirkung wie Rotwein auf, die Herzerkrankungen vorbeugt, und zwar im gleichen Maße.

Wie aber beugt Schokolade Herzerkrankungen vor? Als eine der Hauptursachen für Herzerkrankungen hat man die Oxidation von LDL-Cholesterin ausgemacht. Oxidiert diese wachsartige Substanz, haftet sie an den Arterienwänden an und erhöht damit das Risiko für einen Herzinfarkt oder einen Schlaganfall. Jetzt hilft Schokolade! Die darin enthaltenen Polyphenole hemmen nämlich die Oxidation des LDL-Cholesterins.

Und mehr noch. Eine der Ursachen der Arterienverkalkung liegt in der Verklumpung der Blutplättchen, den sogenannten Blutgerinnseln. Die Polyphenole in der Schokolade hemmen diese Gerinnselbildung und mindern so das Risiko der Arterienverkalkung.

Ein allgemein bekannter Risikofaktor für Herzerkrankungen ist hoher Blutdruck. Er ist auch eine der Hauptursachen für Nierenversagen und trägt deutlich zu vielen Formen der Demenz und des Nachlassens des geistigen Abbaus bei. Untersuchungen zeigen, dass bereits eine kleine Tafel Bitterschokolade am Tag den Blutdruck bei Menschen mit leichter Hypertonie senkt.

Warum hören Menschen, die für Herzerkrankungen anfällig sind, so oft, sie sollten jeden Tag eine Mini-Aspirin(ASS-)Tablette einnehmen? Das kommt daher, dass Aspirin blutverdünnend wirkt und somit die Gerinnselbildung reduziert (Gerinnsel tragen beträchtlich zu vielen Herzinfarkten und Schlaganfällen bei). Untersuchungen am *Department of Nutrition* an der *University of California* ergaben, dass Schokolade das Blut verdünnt und dieselbe gerinnselhemmende Wirkung hat wie Aspirin. „Unsere Forschungen stützen die Vorstellung, dass die regelmäßige Einnahme von Kakao mit verbesserter kardiovaskulärer Gesundheit einhergeht", meint der Wissenschaftler Carl Keen.

Wie viel Schokolade sollte man essen, um von dieser Gesundheitswirkung zu profitieren? Weniger, als man denkt. Nach einer im *American Journal of Clinical Nutrition* veröffentlichten Untersuchung reichen bei der durchschnittlichen amerikanischen Ernährungsweise bereits etwa 15 Gramm Bitterschokolade am Tag, um die gesamten antioxidativen Kräfte um 4 Prozent zu steigern und die Oxidation von LDL-Cholesterin zu verringern.

Warum also hat Schokolade so einen schlechten Ruf? Er stammt von den Zusatzstoffen. Praktisch alle Kalorien einer herkömmlichen Tafel Schokolade stammen aus Zucker und Fett.

Was die Fette angeht, liegt das Problem bei den zugesetzten Fetten, nicht beim natürlichen Fett (der Kakaobutter) der Schokolade. Kakaobutter enthält viele gesättigte Fette, deshalb glauben viele Menschen, sie tue dem Blutkreislauf nichts Gutes. Aber bei den meisten dieser gesättigten Fette der Kakaobutter handelt es sich um Stearinsäure, die, wie zahllose Studien belegt haben, den Cholesterinspiegel des Blutes nicht hebt. Im menschlichen Körper wirkt sie wie die einfach ungesättigten Fettsäuren im Olivenöl.

Milchschokolade enthält allerdings zusätzliches Butterfett, das den Cholesterinspiegel anheben kann, und weist zudem weniger Antioxidantien und andere gesunde Phytochemikalien als Bitterschokolade auf.

Trägt Schokolade zu Akne bei? Milchschokolade tut das erwiesenermaßen, es gibt allerdings keine Belege dafür, dass es sich bei Bitterschokolade genauso verhält.

Bitterschokolade ist zudem gesünder, weil sie weniger zusätzlichen Zucker enthält. Sicherlich braucht hier niemand einen weiteren Vortrag darüber, wie gefährlich zu viel Zucker sein kann. Wollen Sie jedoch fettleibig werden und ihr Risiko, an Diabetes, Herzkrankheiten, Krebs und Alzheimer zu erkranken, enorm steigern, dann sind zuckerreiche Lebensmittel (wie Maissirup) genau der richtige Weg.

Beschränken sich die Vorteile von Schokolade auf die körperliche Gesundheit? Auch das nicht. Schokolade wurde schon immer wegen ihrer Wirkung auf unsere Stimmungslage gerühmt. Aber erst jetzt wissen wir, warum das so ist.

Schokolade ist die reichhaltigste uns bekannte Quelle für eine wenig bekannte Substanz namens Theobromin. Dieses ist eng mit Koffein verwandt. Wie Koffein und das Asthmaheilmittel Theophyllin gehört Theobromin zur chemischen Gruppe der Xanthinalkaloide. Schokoladenprodukte enthalten geringe Mengen Koffein, aber nicht genug, um die Anziehung, die Faszination, die Sucht und die Wirkungen der Schokolade erklären zu können. Die Stimmungsaufhellung, die durch Schokolade erfolgt, hängt wohl hauptsächlich mit dem Theobromin zusammen.

Schokolade enthält zudem weitere Stoffe mit stimmungsaufhellender Wirkung. Dazu gehört das Phenethylamin, das die Ausschüttung angenehmer Endorphine auslöst und die Wirkung von Dopamin verstärkt, einem Botenstoff, der mit sexueller Erregung und Lust in Verbindung steht. Phenethylamin wird vom Gehirn ausgeschüttet, wenn jemand verliebt ist.

Ein weiterer Stoff der Schokolade ist das Anandamid (vom Sanskritwort *ananda*, das „friedvolle Seligkeit" bedeutet). Diese fettige Substanz wird vom Gehirn natürlich erzeugt und wurde von Pharmakologen des *Neurosciences Institute* in San Diego aus der Schokolade isoliert. Sie koppelt sich im Gehirn an dieselben Rezeptoren wie Cannabinoide – die psychoaktiven Bestandteile von Marihuana – und erzeugt ein Gefühl von Hochstimmung und Heiterkeit. (Falls das überall bekannt wird – wird Schokolade dann illegal?)

Und als ob all das noch immer nicht genug wäre, kurbelt Schokolade auch noch den Serotoninspiegel im Gehirn an. Während des prämenstruellen Syndroms und der Menstruation weisen Frauen gewöhnlich einen reduzierten Serotoninspiegel auf, was vermutlich erklärt, warum Frauen in dieser Zeit ihres Zyklus ein erhöhtes Verlangen nach Schokolade empfinden. An Depressionen leidende Menschen weisen ebenfalls charakteristisch geringere Serotonin-Werte auf. Deshalb wurde eine ganze Gruppe Antidepressiva entwickelt, die sogenannten Selektiven Serotonin-Wiederaufnahmehemmer oder SSRI (dazu gehören *Prozac, Paxil* und *Zoloft*), um den Serotoninspiegel im Gehirn zu heben.

Man kennt mich als Verfechter der gesunden Ernährung und fragt mich deshalb oft, bei welchem Lebensmittel selbst ich sündige. Mein Lieblingsnachtisch ist ein Stück Bio-Bitterschokolade, dazu ein Glas guten Rotweins.

Allerdings verfahre ich dabei so, dass ich immer nur Bio-Schokolade aus dem Fair-Trade-Handel esse. Das kommt daher, weil ich erfahren habe, dass es bei der Kakaoproduktion Kindersklavenarbeit gibt, ein Thema, zu dem ich nun kommen will.

Möge Ihr Leben prallvoll sein mit gesundem Genuss.

Dritter Teil

Industrielle Lebensmittel- produktion – und andere schmutzige Geschäfte

13

Das ist gar nicht süß! – Schokolade und Sklaverei im 21. Jahrhundert

Wie wir gerade gesehen haben, handelt es sich bei Schokolade um ein ausgesprochen gesundes Lebensmittel. Und jeder weiß, dass sie auch hervorragend schmeckt. Allein das Wort lässt schon von Genuss, Sinnlichkeit und dem reichen Geschmack des Lebens träumen. Da überrascht es wenig, dass der wissenschaftliche Name des Baumes, aus dessen Bohnen wir die Schokolade fertigen, *Theobroma cacao* heißt, wörtlich übersetzt „Nahrung der Götter".

In einigen Kulturen war Schokolade mehr wert als Gold. Als Cortez und seine Konquistadoren zuerst auf die Azteken trafen, erstaunten sie angesichts ihrer blühenden Metropole mit mehr als einer Million Einwohnern, womit sie mehrfach größer war als die größte damalige Stadt in Europa. Cortez und seine Leute wurden mit einer Kultur und einem Ökosystem konfrontiert, das ihnen völlig fremd war. Am meisten erstaunte sie jedoch, dass die königliche Schatzkammer nicht von Gold, sondern von Kakaobohnen überquoll. Gold setzten die Azteken hauptsächlich für künstlerische und architektonische Zwecke ein, es wurde kaum je als Zahlungsmittel benutzt. Als Währung diente im vorkolumbianischen Mexiko nicht Gold, sondern Kakaobohnen. Als Cortez die aztekische Hauptstadt erreichte, enthielt die Schatzkammer des Königs mehr als 9000 Tonnen Kakaobohnen.

Da die Bohnen als Geld verwendet wurden, wurden sie nur von den reichsten Einwohnern geröstet und gegessen. Nach den Berichten der Konquistadoren trank der Aztekenkaiser nur Kakao. Das könnte man als die größtmögliche Verschwendung in der Geschichte betrachten – der Verzehr von Geld an sich.

Der Aztekenkaiser, auf den Cortez und seine Männer trafen, ist unter dem Namen Montezuma II. bekannt. Auf dem Gipfel seiner Macht bunkerte der Kaiser eine Milliarde Kakaobohnen, alle das Ergebnis brutaler und harter Arbeit seiner Untertanen.

Historiker sind der Ansicht, dass kein anderer Mensch in der Geschichte mehr gefürchtet und gehasst wurde als Montezuma. Er war wegen seiner Grausamkeit und Habgier bekannt und für seine Lasterhaftigkeit und Dekadenz berüchtigt. Regelmäßig beaufsichtigte er Menschenopfer*, die eine gute Kakaoernte „sichern" sollten.

Heute ist Schokolade ein sinnliches Erlebnis, das sich fast jeder leisten kann, früher aber war Schokolade vor allem ein Luxusgut, das sich die Privilegierten auf Kosten der weniger Glücklichen gönnten. Tausende Jahre lang, so schreibt die investigative Journalistin Carol Off in ihrem Buch *Bitter Chocolate: The Dark Side of the World's Most Seductive Sweet*, stellte die Fron der Unterklasse nur sicher, dass die Elite sich ihrer Schokoladenlust hingeben konnte.

BIS HEUTE EIN FINSTERES KAPITEL

Tragischerweise hat Schokolade bis heute noch eine sehr dunkle Seite. Davon wissen die meisten Amerikaner nichts; die Schattenseiten der Schokoladenproduktion wurden der amerikanischen Öffentlichkeit allerdings im Mai 2001 bewusst, als die Zeitungen des *Knight-Ridder*-Verlagshauses im ganzen Land eine Serie von Enthüllungsartikeln über die Schokoladenherstellung veröffentlichten. Die Artikel deckten auf, dass unsere so heiß geliebte Schokolade oft von Kindersklaven gemacht wird.

Fesselnd und detailliert porträtierte die Serie kleine Jungen, die

---

*   Menschenopfer hatten bei den Azteken Tradition: Sie sollten vermutlich sicherstellen, dass die Sonne weiterhin regelmäßig aufging. Über ihre Zahl und ihre Bedeutung herrscht Unklarheit. Allerdings stiegen die Opferzahlen im Laufe des 15. Jh. stark an. Anm. d. dt. Hrsg.

von Kakaofarmern der Elfenbeinküste in die Sklaverei gelockt oder bereits als Sklaven gekauft worden waren. Die an der Südküste West-afrikas gelegene Elfenbeinküste ist der weltgrößte Produzent von Kakaobohnen. Von dort stammen 43 Prozent aller gehandelten Ware. Es gibt 600.000 Kakaofarmen in der Elfenbeinküste. Zusammen machen sie ein ganzes Drittel der Gesamtwirtschaft des Landes aus.

Gleichzeitig zeigte ein investigativer Report der *British Broadcasting Company (BBC)* den Umfang dieses Problems auf. Nach der *BBC* werden Hunderttausende von Kindern ihren Eltern zu einem Spottpreis abgekauft – in anderen Fällen sogar gestohlen – und dann in die Elfenbeinküste gebracht, wo man sie als Sklaven an die Kakaofarmer verkauft.

Die Kinder stammen hauptsächlich aus Ländern wie Mali, Burkina Faso und Togo. In diesen ärmsten der armen Länder verkaufen Eltern ihre Kinder an Schleuser in der Hoffnung, dass sie – wenn sie erst einmal in der Elfenbeinküste sind – dort ehrliche Arbeit finden und Geld nach Hause schicken können. Aber genau das geschieht nicht. Diese Kinder – gewöhnlich sind sie elf bis sechzehn Jahre alt, manchmal noch jünger – werden nämlich gezwungen, 80 bis 100 Stunden pro Woche die härteste Arbeit zu verrichten. Sie erhalten dafür keinen Lohn und kaum Essen, werden regelmäßig geschlagen und häufig brutal bestraft, wenn sie zu entkommen versuchen. Die meisten sehen ihre Familien nie wieder.

„Prügel waren Teil meines Lebens", erzählte Aly Diabate, ein befreiter Sklave, den Reportern. „Jedes Mal, wenn man mir einen Sack [Kakaobohnen] auf den Rücken legte und ich hinfiel, half mir niemand. Stattdessen droschen sie immer wieder auf mich ein, bis ich wieder aufstand."

Brian Woods und Kate Blewett drehten einen Film über Kindersklaven auf afrikanischen Kakaoplantagen. „Wir sind einfach auf die Felder spaziert und haben dort Sklaven um Sklaven um Sklaven angetroffen", berichteten die Filmemacher in einem Interview. Sie sprachen mit Jungs, die berichteten, dass sie nach einem Jahr harter Arbeit noch keinen Cent gesehen hatten. Die Jungen schilderten Prügel, Hunger und schmutzige Quartiere. Ihre Rücken trugen die Narben zahlreicher Auspeitschungen.

Blewett und Woods erzählen von ihrem Treffen mit Drissa, einem jungen Mann aus Mali, der mit falschen Versprechungen auf eine Kakaofarm in der Elfenbeinküste gelockt wurde. „Als Drissa sein Hemd auszog – nun, ich hatte so etwas noch nie gesehen. Ich habe schon jede Menge schlimmer Sachen mitansehen müssen, aber das widerte mich an. Es gab keinen Fleck auf seinem ganzen Körper, der keine Narben aufwies."

OHNE DRUCK KEIN WANDEL

Schokolade ist ein Symbol für Süße und Unschuld. Dem Verbraucher im Westen sollte aber klar sein, dass Kindersklaverei weder süß noch unschuldig ist. Als im Sommer 2001 immer mehr Nachrichten über Kindersklaven in der Schokoladenindustrie an die Öffentlichkeit drangen, nahm der Druck auf die Schokoladenhersteller zu.

Im Juli dieses Jahres verband der Kongressabgeordnete Eliot Engel aus New Yorks 17. Bezirk ein Routine-Landwirtschaftsgesetz mit einem Gesetzesentwurf, der ein System der Etikettierung für Schokolade forderte, der sie als „sklavenarbeitsfrei" auswies, wenn der Hersteller belegen konnte, dass seine Schokolade nicht durch Ausbeutung von Kindern gewonnen wurde. „Das wäre so wie bei der Etikettierung von Thunfischdosen, die ja auch zeigen, ob der Fisch ohne Gefahr für Delfine gefangen wurde", so Engel.

Diese Entwicklung bereitete den Großunternehmen in der amerikanischen Schokoladenindustrie keine wirkliche Freude. Die beiden größten Schokoladenhersteller in den USA, *Mars* und *Hershey*, schickten sofort Vertreter, die sich mit dem Kongressabgeordneten Engel trafen. „Sie hatten eine verblüffende Einstellung", berichtete Engel nach dem Gespräch. „Sie waren feindselig und auf Streit gebürstet. Ihnen ging es ausschließlich um ihre Gewinne."

Weil sie wussten, dass ihre Ware selbst bei den minimalsten Standards niemals das Etikett „sklavenarbeitsfrei" verliehen würde, bekämpften die größten Schokoladenhersteller den Gesetzesentwurf vehement. Susan Smith, die Vizepräsidentin für Öffentlichkeitsarbeit des Branchenverbands *Chocolate Manufacturers Association* (*CMA*), bezweifelte, dass die Kinder bei der Schokoladenproduktion tatsächlich ausgebeutet werden. „Wer auf einer Farm aufgewachsen ist", so meinte sie, „weiß, dass es nicht ungewöhnlich ist, dass Kinder dort mithelfen." Andere PR-Experten, die die Schokoladenindustrie ins Rennen schickte, deuteten an, die Kinder würden ja nur gebeten, bei der Arbeit etwas zur Hand zu gehen, kleine Aufgaben zu erledigen, die wahre Ausbeutung erfolge doch wohl durch die Medien, die sich sensationelle Geschichten ausdächten. Die Schokoladenindustrie appellierte an den Gesetzgeber, sich nicht von „Berichten hysterischer Journalisten, die nur auf Hörensagen beruhen" irreführen zu lassen.

Um jede Form der Etikettierung abzuwenden fand die Industrie ein weiteres verzweifeltes Argument, scheinbar ohne zu bemerken, dass das der bisherigen Beweisführung widersprach. „Ein Etikett wie ‚sklavenarbeitsfrei' schadet genau den Leuten, denen es helfen will", erklärte die Vizepräsidentin des *CMA* Smith, weil es zu einem Boykott aller Kakaobohnen aus der Elfenbeinküste führen könnte. Kein Unternehmen, das Kakao von der Elfenbeinküste weiterverarbeitet, könne mit gutem Gewissen sagen, dass keine Kindersklaven beteiligt seien, erklärte sie, denn von Sklaven geerntete Bohnen würden mit solchen gemischt, die in freier Arbeit geerntet werden.

Einerseits bezeichnete die Industrie eine Auszeichnungspflicht als verfehlt, weil es sich bei der Kindersklaverei um eine Erfindung überaktiver Journalisten handele. Andererseits nannte sie sie verfehlt, weil Kindersklaverei bei der Kakaoproduktion in der Elfenbeinküste so verbreitet sei, dass die einzige Möglichkeit, sie zu vermeiden darin bestünde, das Land zu boykottieren, aus dem nun einmal fast die Hälfte der Schokoladenlieferungen der Welt stammten.

Die *World Cocoa Foundation*, die vorgebliche Hilfsorganisation der Schokoladenindustrie, gab eine eigene Untersuchung in Auftrag. Diese kam, kaum überraschend, zu dem Ergebnis, der Anteil der Kindersklavenarbeit werde übertrieben. Die Kakaofarmer, so die Studie, folgten lediglich der üblichen Praxis, möglichst die günstigsten Arbeitskräfte einzustellen, um ihre Bohnen zu ernten und weiterzuverarbeiten.

Sollte der von der *World Cocoa Foundation* bestellte und bezahlte Bericht die Absicht gehabt haben, die Schokoladenindustrie reinzuwaschen, dann erreichte er sein Ziel nicht ganz. Selbst in der Studie der Industrie, die ja das Problem herunterspielen sollte, musste zugegeben werden, dass Hunderttausende Kinder auf den Kakaofarmen Westafrikas unter gefährlichsten Bedingungen arbeiteten. Sie vegetierten in schlimmster Armut, erhielten keine Schulbildung oder medizinische Versorgung und wurden nicht bezahlt. Der Bericht bestätigte, dass sie bei Ungehorsam brutal bestraft wurden und viele durch Schleuserbanden zu ihrem „Arbeitsplatz" gekommen waren.

Der Druck auf die Industrie nahm zu. Im Herbst 2001 wurde das Gesetz zur Auszeichnung von Schokolade als „sklavenarbeitsfrei" vom Repräsentantenhaus verabschiedet (der Abgeordnete Eliot Engel hatte es eingebracht), dasselbe wurde vom Senat erwartet (dort brachte es Senator Tom Harkin ein).

Um die Etikettierung doch noch zu umgehen, verpflichtete sich die Schokoladenindustrie freiwillig zu einem Vier-Jahres-Plan, dessen Ziel angeblich die allmähliche Ausrottung der Kindersklaverei in den kakaoerzeugenden Ländern war, insbesondere in Westafrika, wo der Großteil der Schokolade der Welt angebaut wird. Sollte alles dem Plan gemäß, dem sogenannten Harkin-Engel-Protokoll, verlaufen, würde es bis 2005 die „schlimmsten Formen der Kinderarbeit" – darunter Sklaverei – bei der Herstellung von Schokolade und Kakao nicht mehr geben. Das Abkommen wurde von der *World Cocoa Foundation* wie auch von den Schokoladenherstellern *Hershey, M & M Mars, Nestlé* und vielen anderen unterzeichnet.

Man schloss einen Deal. Das Harkin-Engel-Protokoll wurde in die Welt hinausposaunt und das Gesetz nicht verabschiedet. Die Schokoladenindustrie konnte den Kongress überreden, dass eine freiwillige Selbstverpflichtung die Gesetzgebung ersetzte, die eine Auszeichnung als „sklavenarbeitsfrei" erfordert hätte.

Erleichtert versprach Larry Graham, der Präsident des Branchenverbands *Chocolate Manufacturers' Association*, „die Industrie hat sich in der Tat verändert, und zwar für immer". Man legte eine Reihe von Fristen als Teil des Plans fest. In der gesamten Industrie sollten bis 1. Juli 2005 freiwillige Standards der Zertifizierung gelten.

Vier Jahre später jedoch, am 14. Februar 2005, verfassten der Abgeordnete Engel und Senator Harkin gemeinsam einen Artikel, der in allen wichtigen Zeitungen der Vereinigten Staaten erschien. Er warf den Schokoladeherstellern vor, dass sie ihr eigenes Abkommen praktisch nicht eingehalten hätten. Was die Industrie in den vergangenen vier Jahren unternommen habe, so die Kongressabgeordneten, „ist erbärmlich, gemessen an den im Protokoll festgelegten Maßnahmen. ... Auch am heutigen Valentinstag wird der Großteil unserer Schokolade vom Leid unzähliger Kakaosklaven befleckt sein."

Sofort reagierte die Industrie mit Erklärungen, die die Verzögerung rechtfertigten und hervorhoben, welche Fortschritte bereits gemacht worden seien. Sie schwor, ihre Bemühungen zu „verdoppeln", und versprach, die Frist bis 2008 einzuhalten.

Jetzt gab die *World Cocoa Foundation* stolz bekannt, die Industrie spende freiwillig sechs Millionen Dollar als „Partner" an Hilfsorganisationen. Die Hilfsorganisationen selbst wiesen jedoch darauf hin, dass die Schokoladenhersteller für diese „Partnerschaft" auch Entgegenkommen erwarteten – sie wollten sich den guten Namen der Hilfsorganisationen zunutze machen, um zu zeigen, dass sie etwas gegen das Problem unternahmen.

Ein Vertreter von *Hershey* nannte einen Journalisten einen „zynischen Miesepeter", weil dieser angedeutet hatte, dass eine Spende von sechs Millionen Dollar für den Anschein der Tugend ihn nicht sonderlich beeindrucke, wenn er an die jährlichen Erlöse der Industrie in Höhe von 13 Milliarden Dollar denke.

Sprecher der Industrie versprachen, das Problem werde bis 2008 gelöst werden. Als aber die Frist 2008 verstrich, war noch immer keine einzige der Hauptverpflichtungen des Protokolls umgesetzt. Und wie stand es um die „Standards der Zertifizierung", die es vom 1. Juni

2005 an geben sollte? Nicht nur gab es sie drei Jahre danach nach wie vor nicht, die Industrie nannte nun ihre frühere Selbstverpflichtung nur noch ein „Konzept".

Adrienne Fitch-Frankel, die Fair-Trade-Direktorin von *Global Exchange*, einer landesweiten Menschenrechtsorganisation mit Sitz in San Francisco, sagte:

> *Das wäre doch großartig, wenn sich jeder von uns aus seinen moralischen und rechtlichen Pflichten freisprechen könnte, indem wir sie einfach „neu definieren". Ich höre schon ein landesweites Grinsen. Bezahlen wir von nun an unsere Hypothekenraten mit einem „Konzept"? Akzeptiert unser Chef, wenn wir uns dem „Konzept" Pünktlichkeit verschreiben?*

Sprecher der Schokoladenindustrie gaben nun einem Krieg in der Elfenbeinküste die Schuld, Journalisten, die mit der Lage dort vertraut waren, wiesen darauf hin, dass sämtliche Initiativen der Industrie, das Problem anzugehen, bloße Augenwischerei gewesen waren.

Und die Ausbeutung von Kindern auf Kakaofarmen in der Elfenbeinküste geht munter weiter ...

HERSHEY – DAMALS UND HEUTE

Wir leben in einer zynischen Zeit. Uns erstaunt es eigentlich nicht mehr besonders, wenn wir erfahren, dass Weltkonzerne wie BP oder *Monsanto* irgendwo eine Schweinerei angerichtet haben und dann den Schaden noch steigern, indem sie die Folgen ihrer Taten vor der Öffentlichkeit vertuschen. Es ist nichts Neues, wenn die Industrie ihre Menschenrechtsverletzungen und die Umweltverschmutzung verschleiert.

Doch selbst in einer Zeit, in der ein solcher Machtmissbrauch so weit verbreitet ist, liegt eine tragische und schmerzliche Ironie in der Unternehmensführung des zweitgrößten Schokoladeproduzenten Amerikas, der *Hershey Company*. Der Gründer des Unternehmens, Milton Hershey, war ein Philanthrop und Idealist, den eine utopische Vision antrieb. Er wollte eine Gesellschaft errichten, in der es nach seinen eigenen Worten „weder Armut noch das Böse" gab.

So geschah es zu Beginn des 20. Jahrhunderts, dass Milton Hershey den Grundstein für die spätere Stadt Hershey in Pennsylvania legte. Mit Erlösen aus seiner Süßwarenfabrik und dem festen Entschluss, eine von ihm selbst geplante Stadt zu errichten, unternahm er ein waghalsiges gesellschaftliches Experiment. Die Gemeinschaft, die er schuf, glich in nichts dem, was es damals in Amerika gab. Die breiten Straßen säumten Bäume, vor jedem Haus gab es grünen Rasen, Wasserleitungen im Haus, Elektrizität und Dampfheizung. Diesen Luxus konnten sich die amerikanischen Industriearbeiter, die nur Kohlelaternen und Plumpsklos über den Hof kannten, kaum vorstellen. Und all das sollte jedem Arbeiter der *Hershey*-Fabrik zu bezahlbaren Mieten oder durch niedrigverzinsliche Hypotheken der *Hershey Trust Bank* zur Verfügung stehen.

Im Mittelpunkt seiner Stadt stand die Schokoladenfabrik, aber es gab dort auch einen Swimmingpool, groß wie ein See, ein Gemeindezentrum mit einem großen Theater, eine Musikbühne, einen Golfplatz, Gemeinschaftsgärten und Parks und einen gut funktionierenden öffentlichen Nahverkehr mit Straßenbahnen. Jeder Angestellte war kranken- und rentenversichert.

Die Kapitalismus-Tycoons waren geschockt. Sie bezeichneten Hersheys Unternehmen als „unmoralisch" und behaupteten, eine solche Großzügigkeit „untergrabe die Eigenständigkeit der Gemeinschaft und verletze ihren Stolz".

Doch Milton Hershey ließ sich nicht beirren und hielt an seiner entschlossenen Utopie fest. Als er und seine Frau Catherine feststellten, dass sie keine Kinder bekommen konnten, gründeten sie ein Waisenhaus und nahmen obdachlose Kinder auf. Zu dieser Zeit waren die meisten Waisenhäuser in Amerika erbärmliche und bedrückende Institutionen. Die Kinder in Hersheys Waisenhaus erhielten nicht nur eine Ausbildung, sie wohnten auch in den Häusern der Angestellten.

Als Milton Hershey 1945 starb, vererbte er den größten Teil seines Vermögens der *Milton Hershey School*. In Folge dieser Großzügigkeit ist seine Schule heute eine der reichsten der Welt und das größte Internat der Vereinigten Staaten.

In den Jahren seit dem Tod Milton Hersheys ist man mit seiner Vision nicht eben freundlich umgegangen. Die Schokoladenindustrie, darunter auch das Unternehmen *Hershey Company*, besteht nicht mehr als familiengeführtes Unternehmen, sondern aus großen multinationalen Gesellschaften und Großkonzernen. Die Industrie hat große Monopole und Kartelle etabliert und führt einen brutalen Konkurrenzkampf. Erlöse sind so wichtig geworden, dass heute auf den Kakaofarmen fast die gleichen brutalen Bedingungen herrschen wie zu Montezumas Zeiten. Heute werden zur „Sicherstellung" der guten Kakaoernte allerdings Kinderleben geopfert.

Die *Chocolate Manufacturers Association* hat sich ebenfalls gewandelt. Sie nennt sich nun *Chocolate Council oft he National Confectioners Association* und zeigt auf ihrer Website (*www.thestoryof chocolate.com*) Fotos von lächelnden afrikanischen Arbeitern und erklärt offen: „Deine Schokolade hat eine Vergangenheit."

Der Leckerbissen in der Verpackung erzählt dort eine Geschichte von exotischen Orten, langen Reisen und kleinen Familien, die die tropischen Bäume hegen. Enthüllt man die Verpackung, legt man den Keim des Kakaobaumes frei – und trifft auf die Menschen, die sich seit 4000 Jahren dieses geheimnisvollen Lebensmittels bei Ritualen, Medizin und aus reinem Genuss bedient haben.

Natürlich wird die Kindersklavenarbeit nicht erwähnt, und es gibt auch keinen Hinweis darauf, dass irgendwas bei dem Geschäft mit der Schokolade nicht mit rechten Dingen zugehen könnte.

HIER IST WIRKLICH NICHTS SÜSS!

Die großen Schokoladekonzerne können, wenn sie Kakao von Farmen kaufen, die Kinder als Sklaven missbrauchen, die Kosten verringern und die Gewinne erhöhen. 2010 meldete die *Hershey Company* einen 54-prozentigen Anstieg der Gewinne durch, so das Unternehmen, „eine verbesserte Effizienz in der Lieferkette". Diese „Effizienz" ermöglicht David J. West, dem Geschäftsführer von *Hershey*, ein Jahresgehalt in Höhe von 8 Millionen Dollar. Dazu muss er Kakao von Farmen beziehen, auf denen sich jungen Menschen zu Tode schuften.

Die Realität der brutalen Arbeitsbedingungen auf den westafrikanischen Kakaofarmen ist seit je ein Problem für die gesamte Schokoladenindustrie. Während aber die meisten von *Hersheys* Hauptmitbewerbern zumindest erste Schritte unternommen haben, um die Sklaverei und andere Formen der missbräuchlichen Kinderarbeit in Prozess der Schokoladeherstellung auszumerzen oder zumindest einzuschränken, hat *Hershey* praktisch nichts getan.

Am 13. September 2010, anlässlich des 153. Geburtstages ihres Gründers Milton Hershey, kam die *Hershey Company* endlich dazu, ihren ersten Bericht zur „Gesellschaftlichen Verantwortung des Unternehmens" zu veröffentlichen. Er enthält zahllose Gemeinplätze und Versprechungen und stellte ein klassisches Beispiel der Praxis des „Grünwaschens" dar – der irreführenden Darstellung, die die Öffentlichkeit glauben machen soll, Politik und Produkte des Unternehmens seien gesellschaftlich verantwortlich, obwohl sie das in Wirklichkeit gar nicht sind.

Am selben Tag veröffentlichte ein Zusammenschluss aus gemeinnützigen Vereinen (*Green America, Global Exchange, Oasis USA* und das *International Labor Rights Forum*) einen detaillierten Gegenbericht unter dem Titel „Time to Raise the Bar: The Real Corporate Social Responsibility Report from the *Hershey Company*". Dieser bestens recherchierte Report wies darauf hin, wie weit die *Hershey Company* hinter den Mitbewerbern zurücklag, wenn es um die Übernahme von Verantwortung für die Folgen des Unternehmens bei den örtlichen Gemeinschaften ging, von denen sie weltweit ihren Kakao bezog.

Hershey weiß ganz genau, dass kleinere Schokoladehersteller in den USA bereits seit Jahren ausschließlich zertifizierten Fair-Trade-Kakao verwenden, der sicherstellt, dass die Bauern angemessen bezahlt werden, damit sie ihre Familien ernähren, in ihre Zukunft investieren und ihre Kinder zur Schule schicken können. 2006 erwarb *Hershey* die *Dagoba Chocolate Company*, einen Hersteller von Bio-Schokolade in Oregon, dessen gesamte Trinkschokolade-, Sirup- und Kakaopulver-Produktlinie aus zertifiziertem fairem Handel stammt. *Hershey* behauptet jedoch, das sei nur Kleinunternehmen möglich, nicht aber Konzernen seiner Größe.

„Time to Raise the Bar" macht sehr deutlich, dass nicht nur Kleinunternehmen die notwendigen Schritte unternommen haben. „Viele der Global Players unter den Schokoladenkonzernen", erklärt der Bericht, „verwenden zunehmend Kakaobohnen, die von unabhängigen Organisationen zertifiziert werden, und halten somit mehrere Arbeits-, Gesellschafts- und Umwelt-Gütestandards ein. Es gibt bei diesem Trend nur eine einzige Ausnahme: die *Hershey Company*."

Andere große Konzerne legen die Herkunft ihres Kakaos offen. Nicht so *Hershey*. Andere Konzerne lassen sich den Kakao, den sie aus Westafrika beziehen, von unabhängigen Dritten zertifizieren. Nicht so *Hershey*.

Beispielsweise war *Cadbury Dairy Milk* in Großbritannien die erste Weltmarke, die für all ihre Schokoladetafeln eine Fair-Trade-Zertifizierung erhielt. Das Unternehmen machte nicht nur aus ihrer meistverkauften Sorte eine Fair-Trade-Sorte, es verkaufte sie auch in Australien, Kanada, Irland und Neuseeland.

Ben & Jerry's ist noch einen Schritt weiter gegangen. Das Unternehmen hat nicht nur entschieden, dass seine sämtlichen Kakaoprodukte bis 2013 das Fair-Trade-Zertifikat tragen werden, sondern sich auch verpflichtet, alle weiteren verwendeten Inhaltsstoffe, denen ein Fair-Trade-Zertifikat verliehen werden kann, zertifizieren zu lassen. Selbst *Kraft Foods* und *Mars*, die man kaum für soziale Vorbilder halten wird, kaufen nun von der *Rainforest Alliance* zertifizierten Kakao, damit sie keine Mitschuld an Zwangsarbeit, Kinderarbeit oder Diskriminierung tragen.

Wenn andere Unternehmen das können, warum nicht *Hershey*? Glaubt man dort wirklich, es sei in Ordnung, dass Kinder entführt und dann als Sklaven an Farmer der Elfenbeinküste verkauft werden? Oder glauben Sie, dass so etwas in Ordnung ist?

Das können Sie dagegen tun:

o Kaufen Sie Bio-Schokolade. Zurzeit liefert die Elfenbeinküste keine Bio-Bohnen. Bio-Schokolade unterstützt wahrscheinlich die Sklaverei nicht.

o Kaufen Sie ausschließlich Schokoladenprodukte von Unternehmen, die nur Kakao verwenden, der garantiert nicht durch Sklavenarbeit gewonnen wurde. Zu diesen Unternehmen gehören *Clif Bar, Cloud 9, Dagoba Organic Chocolate, Denman Island Chocolate, Divine Chocolate, Equal Exchange, Gardners Candies, Green & Black's, John & Kira's, Kailua Candy Company, Koppers Chocolate, L.A. Burdick Chocolates, Montezuma's Chocolates, NewLeaf Chocolates, Newman's Own Organics, Omanhene Cocoa Bean Company, Rapunzel Pure Organics, Shaman Chocolates, Sweet Earth Chocolates, Taza Chocolate, Endangered Species Chocolate* und *Theo Chocolate.**

o Schauen Sie sich das Video auf *www.youtube.com/watch?v= CK5K-aHyxcE* an.

o Unterzeichnen Sie eine Petition, die *Hershey* dazu auffordert, keine Kinder- und Zwangsarbeit zu nutzen. Sie finden die Petition im Internet unter *www.raisethebarhershey.org.*

o Besuchen Sie *www.chainstorereaction.com* und senden Sie *Hershey* eine E-Mail.

---

* Zumindest der Kakao für die in Deutschland verkaufte Bio-Schokolade wird ohne Sklavenarbeit gewonnen. Anm. d. dt. Hrsg.

o Besorgen Sie sich die DVD *The Dark Side of Chocolate* sowie Informationen zum fairen Handel über *Green America*. Sehen Sie sich den Film an, zeigen Sie ihn Ihren Freunden, erzählen Sie es weiter. *www.greenamerica.org/programs/fairtrade/ MovieScreening.cfm*

o Twittern Sie über dieses Buch, bitten Sie Ihre Freunde, es zu lesen, und machen Sie die Online-Kundenbefragung von *Hershey* mit. Je mehr Menschen das tun, desto größer ist die Chance, dass *Hershey* schließlich Verantwortung für sein Handeln übernimmt.

14

Bittere Bohnen – Warum es auf Fair-Trade-Kaffee wirklich ankommt

Obwohl Schokolade jüngst die größte Aufmerksamkeit erhielt, handelt es sich bei ihr nicht um das einzige geläufige Nahrungsmittel, das von Sklaven hergestellt wird. Auch an manchen Kaffeebohnen haftet der Makel der Sklaverei. Von der Elfenbeinküste stammt nicht nur fast die Hälfte des weltweit erzeugten Kakaos, sie ist auch der weltweit viertgrößte Anbauer von Robusta-Kaffee. Robusta-Bohnen werden für Espresso und Instantkaffee verwendet. Man mischt sie bei der Herstellung von Kaffeepulver auch mit den milderen Arabica-Bohnen.

Häufig werden Kaffee und Kakao auf denselben Farmen angebaut. Die hohen Kakaobäume spenden den niedrigeren Kaffeebüschen Schatten. Auf einigen Farmen der Elfenbeinküste ernten Kindersklaven sowohl die Kaffeebohnen als auch die Kakaofrüchte, aus denen die Bohnen stammen. Jedes Jahr importieren die USA rund 7000 Tonnen Kaffee von der Elfenbeinküste.

Wie Kakaobohnen werden die von Sklaven gepflückten Kaffeebohnen mit den von bezahlten Arbeitern geernteten Bohnen vermengt. Einige Führungskräfte der Kaffeeindustrie geben zu, dass Sklaven eingesetzt werden, meinen aber, Fragen des Arbeitsrechts gingen sie nichts an. „Die Industrie kann doch nicht verantwortlich für etwas sein, was im Ausland passiert", meint Gary Goldstein von der *National Coffee Association*, einem Verbund von Unternehmen wie den Herstellern von *Folgers, Maxwell House, Nescafé* und anderen Marken.

In den USA wird weltweit am meisten Kaffee und Schokolade verbraucht. Kaffee stellt - nach Öl - das zweitgrößte legale Importgut der USA dar. Glücklicherweise nimmt die Bedeutung von Fair-Trade-

Kaffee in unserem Land und auf der ganzen Welt immer stärker zu. Die *Global Exchange* aus San Francisco schreibt:

> *Die beste Möglichkeit, Kinderarbeit auf den Feldern zu unterbinden, besteht darin, Arbeitern einen gerechten Lohn zu zahlen. ... Die meisten Menschen in unserem Land würden doch lieber eine Tasse Kaffee kaufen, die unter fairen Bedingungen hergestellt wurde, als eine, die unter ausbeuterischen Bedingungen entstand. ... Fair-Trade-zertifizierter Kaffee ist das erste in die USA eingeführte Produkt, das über ein unabhängiges Begutachtungssystem verfügt, um sicherzustellen, dass er tatsächlich unter fairen Bedingungen erzeugt wurde. ... Um das Fair-Trade-Zertifikat zu erhalten, muss ein Importeur strikte internationale Kriterien erfüllen, [einschließlich] der Zahlung eines Mindestpreises pro Pfund.*

Die Zahlung eines Mindestpreises an die Anbauer ist ein wichtiger Schritt, weil sich die Kaffeepreise auf dem Weltmarkt derzeit auf so niedrigem Niveau befinden, dass sie die Kaffeebauern in einen Teufelskreis aus Armut, Schulden und Hunger zwingen. Vor zehn Jahren wurde weltweit Kaffee im Wert von schätzungsweise 30 Milliarden Dollar gehandelt – von denen die Erzeuger 12 Milliarden Dollar erhielten, rund 40 Prozent. Heute jedoch ist der Weltmarkt auf ganze 50 Milliarden Dollar angewachsen, von denen auf die Erzeuger nur noch 8 Milliarden Dollar oder 16 Prozent entfallen. Obwohl der Preis für den Endverbraucher nicht sinkt, zahlen die Kaffeekonzerne weniger für die von ihnen verarbeiteten Bohnen. Das führt im besten Fall zu ausbeuterischen Bedingungen auf dem Feld und im schlimmsten Fall zu den Bedingungen, unter denen Sklaverei entsteht.

Viele der Kaffeebauern arbeiten unerträglich lange Arbeitszeiten für einen Jahreslohn von weniger als 600 Dollar, andere werden versklavt und erhalten überhaupt nichts. Zur gleichen Zeit streicht Irene Rosenfeld, die Vorstandsvorsitzende von *Kraft Foods*, dem Unternehmen, dem *Maxwell House Coffee* gehört, mehr als 26 Millionen Dollar im Jahr ein. Das ist sehr viel, reicht aber nicht an das Gehalt von Howard D. Schultz heran, dem Vorstandsvorsitzenden von *Starbucks*, der mehr als 30 Millionen Dollar pro Jahr erhält. Es ist nicht einfach für den Verbraucher, die Diskrepanz zwischen der grausamen Realität der Sklavenarbeit und Gehältern zu verdauen, mit denen Geschäftsführer wie Kaiser leben können.

Fair Trade, ob bei Kaffee oder Schokolade, sichert eine gleichberechtigte Partnerschaft von Verbrauchern in Nordamerika und Erzeugern in Asien, Afrika, Lateinamerika und in der Karibik. Er bedeutet, dass sich Bauern auf der ganzen Welt auf ein gesichertes Einkommen verlassen können. Kaufen Verbraucher Fair-Trade-Kaffee oder -Schokolade, können sie sich sicher sein, dass ihr Geld den örtlichen Bauern zugutekommt, die es in Gesundheitsvorsorge, Bildung, Umweltschutz, Gemeindeentwicklung und wirtschaftliche Unabhängigkeit investieren können. Sie wissen, dass sie kein System finanzieren, in dem verzweifelte Bauern um ihre Existenz ringen und deshalb auf Kindersklaven zurückgreifen müssen.

Kevin Bales, Direktor von *Free the Slaves*, erinnert uns daran:

[Verbraucher] können bei der Sklaverei auf der Welt etwas erreichen, wenn sie nur einen Augenblick lang innehalten und sich fragen, warum ein bestimmtes Produkt so günstig ist. Es ist unfassbar, wie billig manches ist. Teilweise sind diese Produkte so günstig, weil die großen Ketten große Mengen davon zu Discountpreisen einkaufen und weil sie ihren Vertrieb so eingerichtet haben, dass sie die Gemeinkosten in der Produktionskette niedrig halten. Das erklärt aber nicht alles. Tatsächlich ist vieles billig, weil es von Sklaven hergestellt wird.

Die meisten Verbraucher im Westen würden kaum von Sklaven hergestellte Produkte kaufen, selbst wenn diese billiger sind, wenn sie wüssten, welche es sind. Wie die meisten Verbraucher halte auch ich nach Sonderangeboten Ausschau. Ich erkundige mich auch nicht jedes Mal, warum etwas besonders günstig ist. Es ist ernüchternd, wenn man bedenkt, dass man, um zu sparen, unwissentlich zu Produkten greift, die von Sklaven hergestellt wurden.

Es gibt jedoch Grund zur Hoffnung, weil wir merken, wie sehr die Verbraucher auf die Frage der Sklaverei reagieren – wenn sie erst einmal davon erfahren. Sobald Menschen begreifen, dass es die Sklaverei immer noch gibt, sind sie sich einig, dass man sie beenden muss. Sie sind dann willens und treffen ihre Entscheidungen so, dass sie die Menschenrechte beachten und die Würde jener, die dafür schuften, unser Leben zu bereichern.

Wenn wir Fair-Trade-Produkte kaufen, tragen wir zu einer besseren Welt bei.

15

Rosa *KFC*-Buckets?

Wir leben in einer Welt voller Widersprüche. Manche Sachen sind einfach unfassbar seltsam. Manchmal denke ich, dass ich mich an diese seltsame Welt gewöhnt habe, und dann erfahre ich etwas, das ich gar nicht mehr begreifen kann.

Die größte eigenständige, basisorientierte Brustkrebs-Interessengruppe weltweit namens *Susan G. Komen for the Cure* ging 2010 eine Partnerschaft mit der Fastfood-Kette *Kentucky Fried Chicken*, kurz *KFC*, ein. Sie brachten einen „Bucket für Heilung" auf die Speisekarte. Bucket nennt *KFC* die Kübel, in denen Hähnchenteile, Pommes frites usw. verkauft werden.

KFC nutzt jede Gelegenheit, um in die Welt hinauszuposaunen, dass die Firma für jedes verkaufte rosa Bucket Hähnchenfleisch 50 Cents an *Komen* spendet.

Komen wiederum kündigte auf seiner Internetseite an, dass „*KFC* und *Susan G. Komen for the Cure* zusammenarbeiten, ... um ... durch eine landesweite Kampagne Informationen zu verbreiten, die Tausende von Gemeinden erreichen wird, in denen sich eines der 5000 Restaurants von *KFC* befindet."

Das sind ja Informationen, die aufklären! Wie oft, glauben Sie, weisen diese Informationen auf die Bedeutung gesunder Ernährung zur Erhaltung eines gesunden Gewichts und zur Prävention von Krebs hin? Wie oft führen sie wohl die vielen Untersuchungen an, die nach der Internetseite des staatlichen Krebsinstitutes eindeutig belegen, „dass das Risiko, an Dickdarm-, Pankreas- und Brustkrebs zu erkranken, in Zusammenhang mit dem übermäßigen Verzehr von gebratenem, frittiertem oder gegrilltem Fleisch steht"?

Haben Sie null geschätzt, lagen Sie richtig.

Das *American Institute for Cancer Research* meldet, dass 60 bis 70 Prozent aller Krebserkrankungen durch eine Umstellung des Lebenswandels verhindert werden können. Ihre wichtigste Ernährungsempfehlung lautet: „Wählen Sie eine hauptsächlich vegetarische Ernährung mit vielem verschiedenen Gemüsen, Obst, Hülsenfrüchten und wenig stärkehaltigen Grundnahrungsmitteln." Klingt das nach einem rosa Bucket mit frittiertem Geflügel?

Verzeihen Sie mir, wenn ich nun zynisch werde, aber ich muss diese Frage einfach stellen: Wenn *Komen* schon eine Partnerschaft mit *KFC* eingeht, warum dann nicht gleich mit der Zigarettenindustrie? Sie könnten rosa Zigarettenschachteln verkaufen, von denen ein paar Cent als Spende fließen, und dann behaupten: „Jedes Päckchen, das du aufrauchst, bringt uns dem Sieg über den Krebs näher."

Wer hatte wohl die brillante Idee, der Verkauf von frittierten Hähnchen in Buckets sei eine wirksame Art der Brustkrebsbekämpfung? Eine Interessensgruppe von Brustkrebserkrankten, *Breast Cancer Action*, hielt die *Komen/KFC*-Kampagne für so unerhört, dass sie von „pinkwaschen" sprach, einem weiteren Beispiel dafür, wie sich der Kommerz rosa Schleifchen umbindet. „Lassen Sie sich nicht irreführen", erklärte sie, „jedes rosa Bucket, dass Sie bei *KFC* kaufen, erhöht deren Profit mehr, als es zur Bekämpfung von Brustkrebs beiträgt."

Natürlich lassen sich die Motive von *KFC* leicht verstehen. Sie wollen Geld verdienen und dabei gut aussehen. Dabei hat ihnen die Aufmerksamkeit, die sie jüngst erhielten, wenig genützt. Zum einen erreicht das Unternehmen immer wieder Spitzenplätze, wenn es darum geht, wie ungesund seine Produkte sind. Nur wenige Wochen vor der Pink-Bucket-Kampagne brachte *KFC* sein neues Double-Down-Sandwich auf den Markt. Dieses Produkt wurde von praktisch jeder Gesundheitsorganisation verdammt – es enthielt außerordentlich hohe Mengen an Salz, Kalorien und arterienverstopfendem Fett.

Dazu kommt noch die Frage, wie die Vögel behandelt werden, die irgendwann in den Buckets von *KFC* enden, ob die nun pink sind oder nicht. Die *Organisation People for the Ethical Treatment of Animals* (*PETA*) hat der „Tierquälerei" – wie sie es nennen – bei *KFC* eine ganze Internetseite gewidmet. Man muss jedoch kein Tierrechtsaktivist sein, um von der Art und Weise angewidert zu sein, in der das Unternehmen die Hühner behandelt, wenn man erst einmal hinter die Oberfläche der Anzeigen blickt und das betrachtet, was tatsächlich geschieht.

Als Ermittler von *PETA* mit versteckten Kameras den Schlachthof des „Lieferanten des Jahres" von *KFC* in Moorefield, West Virginia, aufsuchten, ließ ihr Befund *KFC* beinahe an der eigenen „rosa" Publicity ersticken. Sie filmten Arbeiter, die Hühner mit Füßen traten, sie wegkickten oder sie mit aller Kraft gegen Türen und Wände schmissen. Arbeiter wurden auch dabei gefilmt, wie sie den Vögeln die Schnäbel abrissen, ihnen Tabak in Augen und Mäuler spuckten, ihre Köpfe mit Farbe besprühten und die Tiere so stark quetschten, dass die Exkremente austraten – und all das bei lebendigem Leib.

Dan Rather drückte aus, was viele dachten, die den Film sehen konnten, als er in den *CBS Evening News* sagte: „Das Video zeigt eindeutig Tierquälerei, Hühner, die misshandelt werden, bevor man sie für eine Fastfood-Kette schlachtet."

Natürlich versuchte *KFC* alles, um die Ausstrahlung des Films zu verhindern, aber vergebens. Tatsächlich wurde das Video über die Nachforschungen schließlich von vielen Fernsehsendern weltweit ausgestrahlt und in den USA in praktisch allen wichtigen Nachrichtensendungen, in *Good Morning America* und auf jedem einzelnen Kabelnetzwerk von Bedeutung. Zusätzlich sahen sich danach mehr als eine Million Menschen den Film auf der Internetseite von *PETA* an.

Nicht nur Tierrechtsaktivisten verurteilten die Fastfood-Kette wegen des großen Ausmaßes der Tierquälerei, die ihr „Lieferant des Jahres" in seinem Schlachthof zur Schau stellte. Dr. Temple Grandin, vielleicht der bedeutendste Tierschutzexperte der Fleischindustrie, meinte: „Was diese Angestellten getan haben, ist ekelhaft." Dr. Ian Duncan, Professor der Angewandten Ethologie an der *University of Guelph* und Gründungsmitglied des *KFC*-eigenen Tierschutz-Beratungsstabes, schrieb: „Das Band zeigt die schlimmste Quälerei von Hühnern, die ich je gesehen habe. ... Man kann einfach nicht begreifen, dass so etwas heute in den Vereinigten Staaten geschieht."

KFC stellt auf seiner Internetseite fest, dass ihr Tierschutz-Beratungsstab „einer der Hauptfaktoren bei der Erstellung unseres eigenen Tierschutzprogrammes war". Dr. Duncan sieht die Dinge, wie auch fünf weitere Mitglieder des Rates, allerdings etwas anders. Sie traten alle angewidert zurück, weil sich das Unternehmen weigerte, den Tierschutz wirklich ernst zu nehmen. Adele Douglass, die ebenfalls zurücktrat, erklärte in einer Stellungnahme für die US-Wertpapierbehörde, über die die *Chicago Tribune* wiedergab, dass sich *KFC* „niemals mit uns traf. Sie baten niemals um Beratung, aber posaunten laut heraus, dass es bei ihnen diese Tierschutz-Kommission gab. Ich wurde von ihnen benutzt."

Jetzt versteht man, warum *KFC* so scharf darauf ist, sein Image in der Öffentlichkeit zu polieren, und warum sich das Unternehmen auf die Gelegenheit stürzte, sich in der Öffentlichkeit als Verbündeter im Kampf gegen den Krebs zu präsentieren. Schwieriger zu verstehen ist schon, weshalb eine Organisation von so hohem Ansehen wie *Susan B. Komen for the Cure* das Vertrauen der Öffentlichkeit in seine Aufrichtigkeit aufs Spiel setzte. Jemand meinte einmal, man brauche ein ganzes Leben, um einen guten Ruf aufzubauen, aber nur fünfzehn Minuten, um ihn komplett zu zerstören.

Eines lässt sich nur schwer bestreiten. Indem *Susan B. Komen for the Cure* sich mit *KFC* zusammentat, ignorierte die Organisation vollständig die Bedeutung einer gesunden Ernährung für die Krebsprävention.

Wenn Sie eine Organisation unterstützen wollen, die sich dem Kampf gegen Brustkrebs verschrieben hat, sollten sie vielleicht von der wenig bekannten, aber außergewöhnlichen *Pine Street Foundation* erfahren. Jeder will den Brustkrebs so früh wie möglich erkennen, deshalb hat die *Pine Street Foundation* eine bemerkenswerte Alternative zur Mammographie entwickelt. *Susan B. Komen for the Cure* gehört, wie man vielleicht weiß, zu den bedeutendsten Verfechtern der Mammographie und empfiehlt sie bereits für Frauen im Alter von 25 Jahren. Allerdings wird die Brust einer Frau während der Mammographie Strahlung ausgesetzt; wird sie also zu oft durchgeführt, kann sie selbst das Brustkrebsrisiko erhöhen.

In einer großangelegten internationalen Kooperation untersucht die *Pine Street Foundation* die Fähigkeit von Hunden, aufgrund ihres ausgeprägten Geruchssinns Lungen- und Brustkrebs frühzeitig zu erkennen. Die Arbeit beruht auf der Tatsache, dass Krebszellen andere Stoffwechsel-Abfallprodukte ausscheiden als gesunde Zellen. Ein Hund kann diesen Unterschied bereits in einem frühen Stadium der Erkrankung mit seinem scharfen Geruchssinn wahrnehmen. Bisher liegt die Erfolgsquote der Hunde bei der Aufdeckung (und beim Ausschluss) von Lungen- und Brustkrebs sowohl in frühen als auch in späteren Stadien der Erkrankung bei rund 90 Prozent. Das ist die gleiche Trefferquote wie bei der Mammographie, aber völlig strahlungsfrei. Bei einem Forschungsprojekt wurden beispielsweise mehr als 12.000 Geruchsversuche durchgeführt, die Hunde konnten beispielsweise Lungen- und Brustkrebs mittels Atemproben der Patienten identifizieren. Weder das Stadium der Erkrankung der Krebspatienten noch ihr Alter, noch die Tatsache, ob sie kürzlich geraucht oder etwas gegessen hatten, beeinflussten das Ergebnis.

Ich habe Hunde getroffen, die an diesen Untersuchungen teilnahmen (Portugiesische Wasserhunde und gelbe und schwarze Labrador Retriever) und kenne die Leute, die die Studien geplant und durchgeführt haben. Ich bin wirklich beeindruckt. Leider ist ein Krebs-Screening durch diese Hunde noch nicht praktikabel, aber es besteht die Hoffnung, dass die durch diese Untersuchungen gewonnenen Erkenntnisse zukünftig zu Methoden des Krebs-Screenings führen werden, die sowohl effektiver als auch unschädlicher als die Mammographie sind.

Die Arbeit der *Pine Street Foundation* ist ein gutes Beispiel für viele der neuen Möglichkeiten und Chancen, die sich ständig auftun. Jeden Tag gibt es mehr Menschen und Vereine, die sich für gesundes Essen einsetzen, für echte Prävention und weniger giftige und dafür wirksamere Behandlungen. Das *Cancer Project* fördert beispielsweise die Krebsprävention, besonders indem es für Ernährungsweisen wirbt, die das Krebsrisiko senken. *Breast Cancer Action* hält die Stimmen von Frauen, die an Brustkrebs erkrankt sind, fest, um andere zu dem Wandel zu inspirieren, der notwendig ist, um die Brustkrebs-Epidemie zu überwinden. Und *Beyond Pesticides* arbeitet für den Schutz der allgemeinen Gesundheit und der Umwelt und führt zugleich zu einem Übergang in eine sicherere und nachhaltigere Welt.

Diese Gruppen sind geerdet, quicklebendig und inspirierend. Sie und viele andere weisen den Weg in eine gesunde Richtung. In einer Zeit, in der *KFC* das Musterbeispiel für das „Reinwaschen" darstellt, geben sie uns ein echtes Vorbild dafür, wie man gesund und menschlich erfüllt sein kann.

16

Super Size Me

Morgan Spurlock wollte mit seiner Dokumentation *Super Size Me* im Jahr 2004 herausfinden, wie ungesund das Essen bei *McDonald's* wirklich ist. In seinem Film interviewte er auch mich zu der Frage, welche Rolle das Essen von *McDonald's* bei der gegenwärtigen Epidemie von Adipositas und Diabetes spielt.

Dreißig Tage lang ernährte er sich ausschließlich bei *McDonald's*. Alle, die an dem Film mitwirkten, auch Spurlocks Ärzte, waren schockiert darüber, wie sich seine Gesundheit innerhalb so einer kurzen Zeit verschlechterte. Vor den dreißig Tagen sagten wir alle Veränderungen in seinem Gewicht, bei seinen Cholesterinwerten, den Leberenzymen und weiteren Biomarkern voraus, doch wir alle unterschätzten beträchtlich, wie ernsthaft seine Gesundheit tatsächlich gefährdet wurde. Es stellte sich heraus, dass der damals gerade einmal zweiunddreißig Jahre alte Mann in diesen 30 Tagen 29 Pfund zunahm, sein Cholesterinspiegel stieg gefährlich an, ebenso seine Leberwerte, und es traten Stimmungsschwankungen, Depressionen, Herzrasen und sexuelle Störungen auf.

Manche sind der Ansicht, Spurlock habe sich wie ein Idiot verhalten, weil er tat, was er tat. Es stimmt, dass er sich selbst in diesen dreißig Tagen großen Schaden zufügte. Ich denke jedoch, dass es bewundernswert ist, welche Beschwerden er auf sich nahm, indem er dreißig Tage lang ausschließlich bei *McDonald's* aß. Denn so warnte er die Menschen vor der sehr realen Gefahr, die mit dem übermäßigen Fastfood-Konsum verbunden ist.

Super Size Me faszinierte die Menschen, es wurde zu einem der erfolgreichsten Dokumentarfilme aller Zeiten und für den Oscar für den besten Dokumentarfilm nominiert. Wichtiger allerdings ist, dass der Film die Essgewohnheiten unzähliger Menschen verändert hat.

2010 produzierte eine Gruppe von Ärzten und anderen Gesundheitsexperten einen gerade einmal 39 Sekunden langen Werbespot,
der vermutlich zu den meistdiskutierten in der Geschichte der Werbung wurde. Das Video „Konsequenzen" der Vereinigung *Ärztekomi-
tee für Verantwortungsvolle Medizin (PCRM)* aus Washington DC
zielte genau auf das fettige Essen von *McDonald's*. Der provokante
Film wurde selbst zur Nachricht, weil er in nur wenigen Tagen fast
zwei Millionen Mal auf *YouTube* angeklickt wurde und weil Zeitungen
und Sender rund um die Welt über ihn berichteten, darunter *The Wall
Street Journal*, die britische Tageszeitung *The Guardian*, CNN, die
New York Times und Hunderte anderer Medien. Er ist auf *YouTube*
unter dem Stichwort „PCRM Consequences" zu finden.

Der Spot endet, indem er uns auffordert, Vegetarier zu werden.
Hier zeigt sich deutlich, dass es sich bei den *PCRM* um Vegetarier
handelt. Dafür gibt es gute Gründe. Es gibt eindeutige und überzeugende Beweise dafür, dass Vegetarier seltener an den Krankheiten leiden, die die typische westliche Ernährung mit sich bringt. Wie sich in
vielen Untersuchungen wiederholt zeigt, leiden Vegetarier seltener an
Adipositas, Herz-Kreislauf-Erkrankungen, Bluthochdruck, *Diabetes
mellitus* Typ 2, *Divertikulitis*, Verstopfung und Gallensteinen. Sie erkranken auch seltener an Krebs, darunter Darmkrebs und hormonab-
hängiger Krebs wie Prostata-, Brust-, Gebärmutter- und Eierstockkrebs.

Muss man nun als strikter Vegetarier leben, um gesundheitlichen
Nutzen aus der vegetarischen Ernährungsweise zu ziehen? Nein, das
muss man nicht. Es ist aber wichtig, dass man sich hauptsächlich von
Pflanzen ernährt. Ein hoher Prozentsatz der Gesamtkalorien sollte aus
vollwertigen Nahrungsmitteln wie Obst, Gemüse und Vollkorn stammen und nur ein geringer Prozentsatz aus verarbeiteten Lebensmitteln,
Zucker, ungesundem Fett und tierischen Produkten.

Die übliche amerikanische Ernährung – bei der 62 Prozent der Kalorien aus verarbeiteten Lebensmitteln stammen, 25 Prozent aus tierischen Produkten und nur 5 Prozent aus Obst und Gemüse – ist eine
Umkehrung aller gesunden Werte. Unsere Fastfood-Kultur schafft eine
Bevölkerung, in der chronische Krankheiten weit verbreitet sind; sie

ist der Hauptgrund der steigenden Kosten im Gesundheitssystem, die jeden Einzelnen belasten.

Eine durchschnittliche amerikanische Familie zahlt heute im Jahr mehr für die Gesundheitsversicherung, als ein durchschnittlicher amerikanischer Geringverdiener im Jahr verdient. Alle halbe Minute erklärt ein US-Bürger seine Privatinsolvenz, weil die Kosten einer Krankenhausbehandlung seine Ersparnisse aufgebraucht haben.

Die Gesundheitskosten waren in den USA nicht von jeher so erdrückend. 2011 gaben wir mehr als zweieinhalb Billionen Dollar für medizinische Behandlungen aus. 1950, fünf Jahre vor der Eröffnung des ersten *McDonald's*-Restaurant durch Ray Kroc, waren es nur 8,4 Milliarden Dollar (nach heutigem Wert 70 Milliarden Dollar). Natürlich hat die Bevölkerung zugenommen, doch selbst wenn man die Inflation berücksichtigt, geben wir heute in zehn Tagen genauso viel für medizinische Behandlungen aus wie im ganzen Jahr 1950.

Macht uns diese enorm verstärkte Geldausgabe auch gesünder? Als Anfang dieses Jahres die Weltgesundheitsorganisation die durchschnittliche Gesundheit in verschiedenen Ländern bewertete, erreichten die Vereinigten Staaten nur Platz 37.

Heute erleben wir eine Epidemie leicht zu vermeidender Erkrankungen. An diese Krankheiten verlieren die Amerikaner nicht nur ihre Gesundheit, sondern auch ihre Ersparnisse. Gleichzeitig mehren sich die Belege dafür, dass man die Gesundheit verbessert, indem man mehr Gemüse isst, mehr Obst, Vollkorn und Hülsenfrüchte, dafür weniger verarbeitete Lebensmittel, Zucker und tierische Produkte.

Es verblüfft mich immer wieder, dass in den hitzigen Debatten um die Gesundheitsreform eine unumstößliche Tatsache praktisch nie zur Sprache kommt: dass wir unsere Gesundheitskosten nur dann senken werden, wenn die Leute gesünder sind. Untersuchungen belegen eindeutig, dass 50 bis 70 Prozent der Gesundheitskosten unseres Landes vermeidbar wären. Der einfachste Weg, seine Gesundheit zu steigern, ist, sich gesünder zu ernähren. Würden die Amerikaner nicht mehr zu viel essen, kein ungesundes Essen mehr in sich hineinstopfen und stattdessen Lebensmittel mit höherem Nährwert und krebsvorbeugenden

Eigenschaften zu sich nehmen, dann wäre unser Gesundheitssystem bezahlbarer, nachhaltiger und effektiver.

Ist es die Schuld von *McDonald's*, dass mehr als 63 Prozent der Amerikaner übergewichtig oder fettleibig und wir damit die fetteste Nation in der gesamten Menschheitsgeschichte sind?! Ich glaube das nicht, weil jeder von uns selbst dafür verantwortlich ist, was er isst oder seinen Kindern zu essen gibt. Und natürlich gibt es auch bei allen anderen Fastfood-Ketten das gleiche ungesunde Essen.

Und doch spielt *McDonald's* eine entscheidende Rolle, indem es unseren Appetit auf ungesundes Essen fördert. *McDonald's* schaltet in unsrem Land die meiste Werbung für Essen, es gibt im Jahr mehr als eine Milliarde Dollar für Anzeigen und Werbespots aus.

Der Großteil der Werbung von *McDonald's* richtet sich an Kinder – und die Werbung wirkt. Jeden Monat essen rund neun von zehn amerikanischen Kindern in einem Restaurant von *McDonald's*. Die meisten amerikanischen Kinder erkennen *McDonald's*, noch bevor sie zu sprechen beginnen! Leider wird auch eines von drei heute in den USA geborenen Kindern später im Leben an Diabetes erkranken. Natürlich ist Fastfood nicht die einzige Ursache für diesen tragischen Anstieg von Adipositas und Diabetes in unserer Gesellschaft. Unsere Kultur ist zu einer Kultur von Stubenhockern verkommen. Es ist nicht gut, wenn man stundenlang vor dem Fernseher oder dem Computermonitor sitzt. Doch das Essen bei *McDonald's* und anderen Fastfood-Ketten mit dem vielen Zucker und Fett spielt bei dem Problem sicherlich eine gewichtige Rolle. Man muss schon sieben Stunden lang ohne eine einzige Unterbrechung laufen, um die Kalorien eines Big Mac, einer Cola und einer Portion Pommes zu verbrennen.[*]

---

[*]   Im Juni 2012 meldete das Robert-Koch-Institut, dass mittlerweile mehr als 23 Prozent der Deutschen fettleibig sind. 1998 waren es nur 19 Prozent der Bevölkerung, so die Süddeutsche Zeitung vom 14. Juni 2012. Auch die Zahl der Zuckerkranken stieg in dieser Zeit um zwei Prozentpunkte auf 7 Prozent. Anm. d. Übers.

17

Lasst uns für unsere Kinder kämpfen!

Wir machen uns so viele Sorgen wegen der Gefahren für unsere Kinder – wegen Drogen und Kinderschändern und Gewalt. Aber wir nehmen oft einfach hin, was vielleicht die größte Bedrohung für ihre Gesundheit darstellt – die Hunderte von Milliarden Dollar, die jedes Jahr für Anzeigen ausgegeben werden, die sie von Junkfood abhängig werden lassen sollen.

Deshalb halte ich es für bemerkenswert, dass im Jahre 2011 mehr als 550 Ärzte und Gesundheitsorganisationen einen offenen Brief an *McDonald's* unterzeichneten, in dem sie den Fastfood-Riesen baten, seine Werbung für Kinder einzustellen. Viele der großen Zeitungen unseres Landes berichteten über diese Aktion.

Der Brief bat *McDonald's* nicht, kein Junkfood mehr an Kinder zu verkaufen. Er bat das Unternehmen nur, Kinder als Zielgruppe nicht mehr aggressiv zu umwerben.

Diese Aktion, die von der gemeinnützigen Verbraucherschutzvereinigung *Corporate Accountability International* organisiert wurde, fand nicht überall Zustimmung. Kritiker bezeichneten sie als einen Versuch, die Freiheit des Verbrauchers einzuschränken, einen weiteren Schritt der Ernährungsgutmenschen, uns vorzuschreiben, was wir und unsere Kindern essen dürfen.

Das Essen bei *McDonald's* ist ungesund, sagten sie, aber es hat doch jeder die Wahl. Niemand zwingt Kinder dazu, Big Macs zu essen. Und wo sind die Eltern? Es ist doch ihre Aufgabe, hier aufzupassen und Verantwortung zu übernehmen? Man sucht hier doch nur nach einem Schuldigen, damit man selbst nicht für die dicken und ungesunden Kinder verantwortlich ist.

Natürlich bezweifelt niemand – nicht einmal *McDonald's* –, dass

wir eine Epidemie von Adipositas und ernährungsverursachten Erkrankungen bei unseren Kindern erleben. Manche geben der mangelnden
Bewegung die Schuld, allerdings haben Untersuchungen gezeigt, dass
das Ausmaß der sportlichen Aktivitäten in den letzten beiden Jahrzehnten praktisch gleich geblieben ist. Wo also liegen die Ursachen
dieser Krise?

Die Kritiker der Kampagne und natürlich auch *McDonald's* geben
ausschließlich den Eltern die Schuld. Das Problem, so sagen sie, sei
die mangelnde Übernahme von Verantwortung durch die Eltern.

Wie diese Kritiker plädiere auch ich zugunsten elterlicher Verantwortung. Aber dann kündige ich die Gefolgschaft und unterstütze voll
und ganz die Bestrebungen, Junkfood-Werbung für Kinder zu verbieten, weil die Werbung von *McDonald's* und anderen Junkfood-Ketten
genau zu dem Zweck gemacht ist, die elterliche Autorität zu untergraben. In der Werbewirtschaft spricht man vom „Quengelfaktor". Die
PR-Agenturen, die diese Werbung entwickeln, reden gern davon, dass
sie Kinder „quengelig" machen soll, sie sollen ihre Eltern „in den
Wahnsinn treiben".*

Ziel ist, dass Kinder so sehr nach Junkfood verlangen, dass sie ihre
Eltern so lange nerven, mit ihnen zu *McDonald's* zu gehen und ihnen
das Essen zu kaufen, das sie aus der Werbung kennen, bis der Wider-
stand der Eltern völlig zusammengebrochen ist. In Anbetracht der Tatsache, dass diese Spots unablässig auf unsere Kinder einprasseln –
haben Eltern da überhaupt noch eine Chance?

Der „Quengelfaktor" hat eine riesige wirtschaftliche Bedeutung. In
der Werbewirtschaft geht man davon aus, dass einer von drei Besuchen in einem Fastfood-Restaurant auf nervende Kinder zurückgeführt
werden kann.

Natürlich ist das eine clevere und erfolgreiche Marketingstrategie,
und doch ist sie heimtückisch. Traditionell entscheiden Eltern darüber,

---

*   In der deutschen Werbewirtschaft spricht man von „Pestern" und von
     „Pester-Power" (FAZ vom 12.12.2011). Anm. d. dt. Hrsg.

was ihre Kinder essen, doch *McDonald's* und andere Junkfood-Ketten geben Milliarden Dollar im Jahr für Werbung für die Zielgruppe Kinder aus, um zu erreichen, dass diese Verantwortung von den Eltern auf die Kinder übergeht. Auf diese Weise fördert die Werbung nicht nur den Konsum von Junkfood mit all den gesundheitlichen Folgen, die wir heute kennen. Noch schlimmer ist doch, dass dieses Marketing zugleich systematisch die Rolle der Eltern unterminiert, wenn es um gesundes Essen in der Familie geht. Die ununterbrochene Berieselung mit dieser Werbung untergräbt den Respekt der Eltern vor sich selbst und den Respekt, den ihre Kinder ihnen entgegenbringen sollten.

Noch gefährlicher an der speziell auf Kinder zielenden Werbung für Junkfood ist, dass junge Menschen kaum begreifen, dass die Werbung ihre Gefühle manipulieren und ihr Verhalten ändern will. Weil Kinder nicht begreifen, wofür Werbung da ist, stellt die Werbung für ungesundes Essen eine Art von Ausbeutung dar. Sollte das wirklich erlaubt sein?

Die Bitte an den Vorstandsvorsitzenden von *McDonald's*, Jim Skinner, „Junkfood nicht mehr länger bei Kindern zu bewerben", wurde von einem *Who's who* der Prominenten in der Welt der gesunden Ernährung und der Krankheitsvorsorge unterzeichnet, darunter die Autoren Andrew Weil und T. Colin Campbell. Zu den weiteren Unterzeichnern gehörten David L. Katz, Direktor des *Yale Prevention Research Center* und Herausgeber der Fachzeitschrift *Child Adipositas*; Robert S. Lawrence, Direktor des *Center for a Livable Future*, *Johns Hopkins Bloomberg School of Public Health*; Marion Nestle, Paulette Goodard Professor in der Abteilung für Ernährung, Ernährungsstudien und Gesundheit und Soziologieprofessorin an der *New York University*; und Walter Willett, Vorsitzender des *Department of Nutrition, Harvard School of Public Health*. In dem Brief heißt es:

Als Angehörige von Gesundheitsberufen, die unmittelbar mit der größten vermeidbaren Gesundheitskrise unseres Landes konfrontiert sind, bitten wir Sie, die Vermarktung von Junkfood an Kinder einzustellen.

Die Raten erkrankter Kinder sind besorgniserregend. Die explodierenden Gesundheitskosten und das damit überforderte Gesundheitssystem machen die Behandlung immer schwieriger. Wir wissen zudem, dass ein Verzicht auf das Marketing von Junkfood an Kinder deren Gesundheit beträchtlich verbessern würde.

Unsere Gesellschaft kümmert sich um kranke Kinder und versucht, durch Aufklärung der Öffentlichkeit Krankheiten vorzubeugen. Unsere Versuche können aber mit den Hunderten von Millionen Dollar nicht mithalten, die Sie jedes Jahr für Werbung aufbringen, die sich an Kinder richtet.

Heute sind unsere Praxen, pädiatrischen Kliniken und Notaufnahmen voller Kinder, deren Leiden mit der Nahrung in Zusammenhang stehen, die sie zu sich nehmen. In den nächsten Jahrzehnten wird nach Angaben des Centers for Disease Control and Prevention *eines von drei Kindern infolge einer* McDonald's-*artigen Ernährung mit Junkfood an Diabetes Typ 2 erkranken. Es wird voraussichtlich die erste Generation in der Geschichte der Vereinigten Staaten, deren Lebenserwartung geringer ist als die ihrer Eltern.*

Die Zunahme von Erkrankungen wie Diabetes und Herzerkrankungen spiegelt das Wachstum ihres Unternehmens wider – ein Wachstum, das durch Marketing für Kinder gefördert wird ...

Sie geben zwar zu, dass Fastfood ungesund ist, geben aber den Eltern die Schuld für diese Epidemie ernährungsbedingter Erkrankungen, indem Sie auf deren Verantwortung verweisen ...

Selbst wenn Eltern den „Nervfaktor" aushalten, den McDonald's *erzeugt, um an der Zielgruppe der Kinder unter 12 Jahren zwischen 40 bis 50 Milliarden Dollar jährlich zu verdienen, so erzeugt doch Werbung eine Markentreue, die bis ins Erwachsenalter überdauert ...*

Wir bitten Sie ... Ihre Werbung für Essen, das reich ist an Salzen, Fetten, Zucker und Kalorien, für Kinder einzustellen. ...

McDonald's behauptet, es tue bereits genug, weil es an der Initiative für Werbung für Speisen und Getränke für Kinder teilnehme. Dieses Programm verpflichtet allerdings zu nichts und wurde von Vertretern von *Burger King, Coca-Cola, Hershey, Mars, Nestlé* sowie *PepsiCo* gemeinsam mit *McDonald's* initiiert. Die „Verpflichtungen" des Programms, die die Unternehmen dieser Initiative unterschrieben haben, haben – wie Sie sich vorstellen können – nichts dazu beigetragen, die Flut der Junkfood-Werbung für Kinder einzudämmen.

Und warum sollte *McDonald's* auch freiwillig auf dieses Marketinginstrument verzichten? 2009 brachte der Vorstandsvorsitzende von *McDonald's*, Jim Skinner, als Lohn für seine Zeit und seine Mühe mehr als 17 Millionen Dollar nach Hause.

Gleichzeitig gibt das Unternehmen jeden Tag Millionen von Dollar für Werbung aus, die sich an Kinder richtet.

Wir lieben unsere Kinder – wieso lassen wir dann zu, dass sie von Unternehmen mit raffinierter Werbung belästigt werden, die in ihnen den Wunsch nach Essen weckt, das ihre Gesundheit schädigt?

Die Werbung soll Kinder abhängig machen. Sie soll die elterliche Autorität untergraben. Sie fügt ernsthaften, lebenslangen Schaden zu.

Es ist an der Zeit, dass wir unsere Familien schützen und diese Werbung verbieten.

18

Der Schwindel mit dem Vitaminwasser

Als dieser Artikel im Jahr 2010 zum ersten Mal in der Huffington Post *erschien, wurde er von über einer Million Menschen gelesen. Schnell wurde er zu der am häufigsten angeklickten Nachricht in der Geschichte der Internetseite.* Coca-Cola *gefiel das gar nicht.*

Damit hätten Sie nicht gerechnet. *Coca-Cola* wird von einer gemeinnützigen Verbraucherschutzorganisation verklagt, weil das Vitaminwasser des Unternehmens mit irreführenden Gesundheitsversprechen beworben wird. Das überrascht nicht. Wie aber, denken Sie, verteidigt sich der Konzern?

Mit verblüffender logischer Akrobatik pflichten die Anwälte von *Coca-Cola* der Klage bei, indem sie erklären, „kein vernünftiger Konsument könne doch dazu gebracht werden, dass er glaubt, bei Vitaminwasser handle es sich um ein gesundes Getränk".

Heißt das, dass man unvernünftig sein muss, wenn man annimmt, dass ein Vitaminwasser genanntes Produkt, ein Produkt, das aggressiv als Gesundheitstrank vermarktet wurde, tatsächlich zur Gesundheit beiträgt?

Oder bedeutet es, dass ein Konzern einfach über seine Produkte lügen darf, wenn er später sagen kann, dass doch ohnehin niemand jemals an seine Lügen geglaubt habe?

Tatsächlich handelt es sich grundsätzlich um Zuckerwasser, dem ein paar synthetische Alibi-Vitamine zugesetzt wurden. Die darin enthaltene Menge von Zucker ist nicht zu vernachlässigen. Eine Flasche Vitaminwasser enthält 33 Gramm Zucker; es ist also eine Limonade und kein gesundes Getränk.

Richtet denn dieses raffinierte Marketing überhaupt Schaden an?

Zumindest, könnte man ja sagen, erhält der Verbraucher ein paar Vitamine, und Vitaminwasser enthält auch nicht so viel Zucker wie herkömmliche Cola.

Das stimmt. Aber rund 35 Prozent der Amerikaner gelten heute medizinisch als fettleibig. Zwei Drittel aller Amerikaner haben Übergewicht. Gesundheitsexperten sind sich über praktisch alles uneins, aber in einem Punkt stimmen sie alle überein: Zuckerzusätze sind einer der Hauptfaktoren für die derzeitige Fettleibigkeitsepidemie, ein Problem, das mehr Behandlungskosten verursacht als Zigarettenrauchen.

Wie viele Menschen, die unter Gewichtsproblemen leiden, haben wohl Produkte wie Vitaminwasser getrunken, und zwar in der irrigen Annahme, es sei ernährungsrelevant und habe auch weniger Kalorien? Wie viele glaubten, Vitaminwasser sei in Hinsicht aufs Abnehmen eine kluge Entscheidung? Allein der Name Vitaminwasser deutet doch an, dass es sich um mit Nährstoffen angereichertes Wasser handelt. Nichts weist darauf hin, dass es zusätzlich jede Menge Zucker enthält.

In der Tat – wenn es ums Abnehmen geht, ist das, was wir trinken, wichtiger als das, was wir essen. Die Amerikaner beziehen heute fast 25 Prozent ihrer Kalorien aus Flüssigkeiten. 2009 veröffentlichten Forscher der *Johns Hopkins Bloomberg School of Public Health* einen Bericht im *American Journal of Clinical Nutrition*, der ergab, dass die schnellste und effektivste Weise abzunehmen darin bestand, weniger flüssige Kalorien zu sich zu nehmen. Und am besten geht das, indem man weniger oder überhaupt keine gezuckerten Getränke trinkt.

Coca-Cola hat jedoch mittlerweile Milliarden Dollar in die Produktlinie des Vitaminwassers investiert. Basketballstars wie Kobe Bryant und Lebron James sagen in den Werbespots, das Wasser sei ideal und gesund, um sich zu erfrischen. Als Lebron James seine mit großem Wirbel angekündigte Pressekonferenz abhielt, auf der er seinen Wechsel zu den *Miami Heat* bekanntgab, zahlten viele Unternehmen Millionen Dollar, um von diesem Ereignis zu profitieren. Aber Vitaminwasser spielte dann die Hauptrolle bei der Show.

In der vom *Center for Science in the Public Interest* erhobenen Klage wird behauptet, dass die Werbung für und die Etiketten von Vitaminwasser einen „unlauteren Wettbewerb" darstellten, weil sie „falsche und irreführende Angaben" enthielten. In seiner fünfundfünfzig Seiten umfassenden Urteilsbegründung schrieb der Bundesrichter John Gleeson (Landgericht für das östliche New York): „In der mündlichen Anhörung vertrat (*Coca-Cola*) die Ansicht, kein Verbraucher könne irrtümlich annehmen, Vitaminwasser sei ein gesundes Getränk." Der Richter stellte fest, dass der Softdrink-Riese nicht behauptete, die Klage sei nicht faktengestützt, und schrieb: „Demnach muss ich annehmen, dass die Anschuldigungen der Kläger tatsächlich zutreffen." Ich komme immer noch nicht darüber weg, wie bizarr und dreist sich *Coca-Cola* in diesem Prozess verhielt. Als das Unternehmen sich vor Gericht verteidigen musste, gab es zu, dass Vitaminwasser ungesund ist. Doch es vertrat die Ansicht, es als Gesundheitsgetränk zu bewerben sei keine Irreführung, weil so etwas Lächerliches ohnehin niemand glaube, der ganz bei Trost sei.

Warum lassen wir es zu, dass Unternehmen wie *Coca-Cola* uns erzählen, dass eine Flasche voll Zuckerwasser mit ein paar beigemengten wasserlöslichen Vitaminen uns unsere täglich benötigten Vitamine verschaffe? Hier kommt mein Vorschlag: Wenn Sie Ihren Durst gesund und auch viel kostengünstiger stillen wollen, dann trinken Sie Leitungswasser. Wollen Sie, dass Ihr Leitungswasser nach etwas schmeckt, geben Sie den Saft einer Zitrone und ein kleines bisschen Honig oder Ahornsirup hinzu. Eine andere Alternative ist eine Mischung aus einem Viertel Limonade oder Fruchtsaft mit drei Vierteln Wasser (man kann auch fünfteln). Sie können auch grünen Tee trinken, heiß oder kalt, mit etwas Zitrone oder einem kleinen bisschen Süßmittel. Soll es etwas mehr prickeln, nehmen Sie ein halbes Glas Fruchtsaft mit einem halben Glas Wasser.

Sollte Ihr Leitungswasser Ihnen nicht schmecken oder befürchten Sie, dass es Blei oder andere Giftstoffe enthält, verwenden Sie einfach einen Wasserfilter (entweder in der Leitung oder direkt am Hahn).

Vielleicht ist es sowieso nicht die beste Idee, sich bei Vitaminen und anderen essenziellen Nährstoffen auf einen Softdrink-Konzern zu verlassen. Eine pflanzenbasierte Ernährungsweise mit viel Gemüse und Obst liefert Ihnen alles, was Sie brauchen, zuverlässiger und sicherer – und auch noch ehrlicher!

Vierter Teil

Mensch sein in dieser problembeladenen Welt

19

Beziehungen sind ungeheuer wichtig

Ich glaube, dass es sehr oft eine sehr starke Verbindung gibt zwischen der Qualität der Nahrung, die jemand zu sich nimmt, und der Qualität des Lebens, das er führen kann. Folglich versuche ich, meine Nahrungsmittel sehr sorgfältig auszuwählen. Meist esse ich nur gesundes, natürliches Essen. Ich esse mehr frisches Gemüse, insbesondere grünes, als jeder andere Mensch, den ich kenne. Ich trage sogar ein T-Shirt mit dem Aufdruck „Stark durch Gemüse" auf der einen und „Esst mehr Gemüse!" auf der anderen Seite.

Sicherlich überrascht es niemanden, wenn er erfährt, dass ich auch Freunde und Verwandte habe, die nicht so gewissenhaft in ihrer Wahl sind.

Zumindest sehe ich das so – dass sie weniger gewissenhaft sind –, obwohl sie das vermutlich anders sehen. Sie können mit Berechtigung erklären, sie seien bei ihren Lebensmitteln nicht so besessen als ich oder zumindest sehr viel entspannter.

Ganz gleich, wie Sie das sehen, wir jedenfalls haben unterschiedliche Ansichten. Und kürzlich überlegte ich mir, wie ich diese Unterschiede klären könnte. Das ist nämlich nicht immer einfach.

Ich versuche, das Recht anderer Menschen auf ihre eigenen Entscheidungen zu respektieren. Niemandem gefällt es, wenn er kritisiert oder in die Ecke gedrängt wird. Schließlich wählt jeder von uns seinen eigenen Lebensweg. Gleichzeitig aber sind mir diese Menschen nicht gleichgültig, sie sollen wissen, wie man ein langes und gesundes Leben führen kann. Es ist eine Kunst, seine Zuneigung in einer Weise auszudrücken, dass sich die Menschen unterstützt, aber nicht bevormundet fühlen.

In meiner Stadt gibt es einen jungen Mann, der diese Kunst noch nicht wirklich beherrscht. Oft genug hält er den Leuten Vorträge, was sie alles in ihrem Leben falsch machen.

Eines Tages stand ich in der Schlange an der Kasse unseres örtlichen Bio-Ladens genau hinter ihm. Eine Mutter mit drei kleinen Kindern, die sehr gestresst wirkte, stand in der Schlange vor ihm. Der junge Mann kannte die Frau nicht, aber das hinderte ihn nicht daran, abschätzig auf die Sachen zu deuten, die sie eingekauft hatte, als sie auf dem Band an ihm vorbei in Richtung Kasse zogen.

„Wussten Sie", beschimpfte er sie laut, „wie viel Schaden Sie Ihren Kindern zufügen, wenn Sie ihnen Junkfood geben?" Ich betrachtete mir die Nahrungsmittel. Auf mich wirkten sie gar nicht so schlimm. Ich sah Bananen, Äpfel, Bohnen in Dosen, Schokoladenmilch, Pastasauce, ein paar Tüten Maischips und noch ein paar andere Sachen.

Er starrte auf eine Packung Bio-Kekse und knurrte unfreundlich: „Wissen Sie, wie viel Zucker diese Kekse enthalten? Wissen Sie überhaupt, wie schädlich das ist?"

Als ich das mit ansah, musste ich an einen Spruch von Martin Luther King denken: „Man hat keine moralische Autorität bei denen, die man seine grundsätzliche Verachtung spüren lässt."

Ich hielt es nicht für möglich, dass diese Mutter sich von ihm etwas sagen ließ, weil er sie so ganz ohne Respekt behandelte. Aber dann begriff ich – und da wurde ich ganz demütig –, dass ja auch ich respektlos über ihn dachte.

Eine Redewendung sagt, dass wir das bei anderen am stärksten kritisieren, was wir bei uns am wenigsten mögen. Wir projizieren unsere Schatten auf andere, und dann geben wir ihnen die Schuld dafür. Was uns an anderen missfällt, ist das, was uns an uns selbst missfällt.

Spiegelte mir dieser arrogante Mann etwas von mir, was mir an mir nicht gefiel?

Manchmal werde ich in meinen Ansichten so missionarisch, dass ich gegenüber anderen wenig verständnisvoll und stur bin. Ich habe mich selbst so engstirnig kennengelernt und mich so sehr mit meinen Ansichten identifiziert, dass ich nicht mehr auf andere hörte, dass ich Standpunkte, die meine eigenen nicht bestätigten, kein Gehör mehr schenken wollte. Ich habe andere ungnädig verurteilt, ohne mir eine

Sekunde lang zu überlegen, wie es wohl wäre, wenn ich in ihrer Haut steckte. Ich bin schon ähnlich selbstgerecht gewesen, selbst wenn das meine Beziehungen gefährdete.

Das war nicht angenehm, als mir meine eigenen Schwächen von jemandem gespiegelt wurden, dessen Taten ich so gar nicht gutheißen konnte. Aber es erfüllte seinen Zweck. Es zeigte mir, woran ich bei mir selbst noch arbeiten muss. Das minderte ein wenig meine Verachtung für ihn und stellte mir erneut die zentrale Frage, die sich mir täglich stellt.

Wie kann ich mir selbst treu bleiben und gleichzeitig andere bedingungslos lieben? Wie kann ich meinen Weg beibehalten und gleichzeitig andere schätzen, die einen ganz anderen Weg gehen? Wie kann ich meine eigenen Werte und Prinzipien leidenschaftlich leben und gleichzeitig jene respektieren, die ganz andere Entscheidungen treffen?

Ich war mir nicht sicher, ob ich den jungen Mann unterbrechen sollte, aber als ich das noch überlegte, kam mir die Goldene Regel in den Sinn: „Behandle andere so, wie du von ihnen behandelt werden willst." Also gut, was sollte jemand mit mir tun, wenn ich knietief in meiner Selbstgerechtigkeit watete? Konnte ich denn ihn und was er tat authentisch und leidenschaftlich zur Sprache bringen, ohne verächtlich zu werden?

Die bedrängte Mutter schob, ihre Kinder im Schlepptau, ihren Einkaufswagen aus der Tür und ging in Richtung Parkplatz. Die Kassiererin zog die Einkäufe des jungen Mannes über die Kasse.

„Sie sind ziemlich gesundheitsbewusst", begann ich.

„Das stimmt", antwortete er stolz. „Ich esse nur Bio-Rohkost aus örtlichem Anbau." Er deutete selbstzufrieden auf die Nahrungsmittel, die er eingekauft hatte.

„Und ... klappt das?", erkundigte ich mich.

„Fantastisch!", erklärte er enthusiastisch, als habe er gerade einen Wettbewerb gewonnen.

„Das freut mich", meinte ich milde. Er lächelte und sah mich zum ersten Mal an. Das schien mir ein guter Anfang, also wagte ich es.

„Ich habe gehört, was sie zu der Frau mit den Kindern gesagt haben."

„Ja, jemand musste ihr doch mal den Kopf waschen."

„Sie wirkte etwas beschämt danach."

„Das sollte sie ja auch."

„Wollen Sie mal hören, was mir aufgefallen ist?", fragte ich ihn.

„Kann schon sein", antwortete er. Er wirkte etwas unsicher und ich nahm das als Einladung.

„Mir ist klar, dass Sie ihr nur helfen wollten", fuhr ich fort. „Aber gleichzeitig weiß ich aus den vielen Fehlern, die ich gemacht habe, und aus meiner Erfahrung, dass man Leute selten ermutigt, wenn man sie beschämt. Was ich wertschätze, nimmt gewöhnlich zu. Deshalb ermutige ich Menschen immer dann, wenn sie einen Schritt zum Guten unternommen haben. Ich kenne viele Menschen, die ihren Kindern schlimmeres Zeug geben als das, was diese Frau eben eingekauft hat."

Es wirkte, als hörte er mir zu. Sicher war ich nicht.

„Vielleicht verdient sie ein wenig Lob und Anerkennung", fuhr ich fort. „Wer weiß? Vielleicht gab sie ihnen vorher ja Kakao-Puffreis oder gebratenen Speck zum Frühstück. So machen das ja viele Mütter in unserem Land. Jetzt will sie es besser machen. Vielleicht verdient sie für ihre gesunden Entscheidungen Anerkennung – mehr als Tadel, weil sie bestimmte individuelle Standards nicht zu erfüllen scheint."

Ich hatte die Furcht, dass ihn meine Worte in die Defensive drängen könnten, aber er wirkte nachdenklich, ruhig und weniger selbstzentriert. Andererseits schwieg er vielleicht nur, weil er gerade überlegte, wie er auf meine kleine Ansprache antworten konnte. Ich war mir nicht sicher, ob ich überhaupt zu ihm durchgedrungen war.

In diesem Augenblick hatte der Packbursche alle Waren in den Einkaufswagen verfrachtet und dankte ihm für seinen Einkauf. Im Gehen drehte sich der junge Mann schnell um und betrachtete die Sachen, die ich gekauft hatte und die nun auf dem Band lagen. Neben frischem Gemüse und frischem Obst war da auch eine Tüte mit Bio-Kartoffelchips, die ich am liebsten irgendwo versteckt hätte. Wichtiger noch aber waren mehrere Tafeln meiner Lieblings-Bitterschokolade. Sie fielen ihm ganz offensichtlich ins Auge.

Einen Augenblick lang glaubte ich, er werde mir nun die gleiche Behandlung wie dieser Mutter angedeihen lassen, dann erkannte ich, dass seine Miene plötzlich ganz entspannt wurde. „Ich mag diese Schokolade auch", sagte er und seine Stimme klang ganz freundlich. „Es ist eine Bio-Marke aus fairem Handel."

„Ja", stimmte ich zu. „Und sie schmeckt auch gut."

„Ja, sie ist köstlich", antwortete er lächelnd. „Haben Sie einen schönen Tag".

„Und Sie auch."

Ich war froh, dass ich nicht meinem ersten Impuls gefolgt war, ihn wegen der Art und Weise, wie er die Mutter belästigt hatte, auszuschimpfen. Ich war froh, dass ich mit ihm statt über ihn gesprochen hatte.

Wenn wir andere verurteilen, wenn wir jene zu bestrafen und zu beschämen trachten, die unseren Erwartungen nicht entsprechen, verursachen wir nur einen Kreislauf des Leides.

20

Lässt man seine Freunde einfach Junkfood essen?

Ich habe acht Bücher geschrieben, die für ein gesünderes Leben und nährstoffreichere Ernährung werben. Diese Bücher haben sich millionenmal verkauft und wurden in dreißig Sprachen übersetzt. Ich weiß also, dass meine Arbeit für viele Menschen wichtig ist. Mein erstes Buch „Ernährung für ein neues Jahrtausend" erschien erstmals 1987, als es weder E-Mails noch Internet gab. Ich erhielt mehr als 60.000 Briefe (ja, richtige Briefe) von Lesern, die mir für die Anregung und die Unterstützung dankten, die ihnen das Buch gegeben hatte. Diese Arbeit war mir ein Privileg, und ich bin dankbar für die Möglichkeit, Menschen dabei geholfen zu haben, Verantwortung für ihr Leben und ihre Beziehung zur weltweiten Gemeinschaft zu übernehmen.

Dennoch habe ich - wie viele andere Leute auch - Freunde und Familienmitglieder, die das, was ich zu sagen habe, nicht sonderlich interessiert. Und natürlich bin ich - wie wir alle - von einer Kultur der verarbeiteten und industrialisierten Lebensmittel umgeben. Sie werden uns von Konzernen verkauft, die uns von frühester Jugend an mit Anzeigen und Spots bombardieren, die uns dazu bringen sollen, extrem gezuckerte, fettreiche, mit Zusatzstoffen versehene, kalorienreiche und nährwertlose Lebensmittel zu essen.

Man fragt mich oft, was ich über die Leute denke, denen es ganz offensichtlich egal ist, ob sie sich gesund ernähren. Gemeinhin versuche ich, solche Menschen nicht zu verurteilen. Jeder kann meine Bücher kaufen wie auch viele andere Bücher und Dokumentationen, die eine nährstoffreichere Ernährungsweise empfehlen. Aber natürlich ist es bei Freunden oder Familienmitgliedern nicht so einfach, wegzuschauen. Manchmal muss man sich dazu zwingen.

Ich versuche, diesen Kampf so anständig wie möglich zu führen und nie zu vergessen, dass die Handlungen eines Menschen abzulehnen nicht automatisch bedeutet, dass man ihn nicht in sein Herz schließen kann.

Einer meiner Freunde ist an einer chronischen Depression erkrankt. Er ernährt sich praktisch ausschließlich von Pommes frites, Softdrinks und Hamburgern. Vermutlich würde er Gemüse nicht einmal erkennen, wenn es direkt vor seiner Nase läge. Weil er weiß, dass ich mich viel gesünder ernähre, spürt er hin und wieder das Verlangen, sich vor mir zu rechtfertigen. Beim letzten Mal wiederholte er etwas, das er mir schon oft zuvor gesagt hatte:

„Alles ist so schlimm, da kann ich mich genauso gut einfach gehen lassen."

„Ja", antwortete ich bei dieser Gelegenheit, weil ich von seiner Krankheit wusste und nett sein wollte, aber auch nichts sagen wollte, was sein Selbstmitleid noch bestärkte. „Das sagst du immer. Und natürlich kann man die Dinge so betrachten. Aber vielleicht interessiert dich eine Alternative dazu?"

Er zuckte mit den Schultern. „Die wäre?"

„Du meinst immer, das Leben sei so schwer, also sollte man jedes Vergnügen mitnehmen, das man kriegen kann."

„Genau das", antwortete er.

„Nun, andererseits könnte es ja auch sein, dass du dein Leben mehr genießen würdest, wenn du etwas mehr auf dich achtgeben und gesünder leben würdest, oder?"

Er hatte da keine großen Hoffnungen. An diesem Tag zumindest gewann sein Zynismus die Oberhand. Ich umarmte ihn und sagte, was immer er auch täte, ich würde ihn trotzdem mögen. Was ich gesagt hatte, hatte ihm wohl wenig genützt, aber ich sorgte mich um ihn und war mir selbst treu geblieben. Es war gut, dass ich es gesagt hatte.

Beim Abschied erzählte ich ihm von einem einfachen Gebet: Möge ein Leben in deiner tiefsten Wahrheit dir zum Wohlergehen gereichen.

Ich habe eine Freundin mit mehr als 100 Pfund Übergewicht, die häufig darüber klagt, dass es ihr nicht gut gehe und dass sie so erschöpft sei. Ihr Frühstück besteht aus Donuts und Kaffee, ihre Küche nennt sie die „Weltzentrale des Junkfood". Ich war einmal dabei, als sie eine ganze Familienpackung Kekse auf einmal aß. Dann wiederholt sie ihr Mantra, das sie immer wieder und wieder vor sich hinsagt, um ihre ungesunde Ernährung zu rechtfertigen:

„Warum verzichten? Man lebt schließlich nur einmal."

Gewöhnlich wünsche ich ihr nur einen guten Tag und lächle, wenn sie das sagt. Ich weiß, dass ihr Leben nicht einfach ist und dass sie in ihrem Leben so festgefahren ist, dass ein Gespräch nichts mehr brächte. An diesem besonderen Tag aber, als ich sah, wie sie die Kekse in sich hineinstopfte, konnte ich nicht mehr an mich halten. Ich konnte nicht mehr schweigen.

„Wenn man nur einmal lebt", erklärte ich, „ist es doch sinnvoller, gesunde Sachen zu essen, damit man mehr vom Leben hat, weil man sich lebendiger fühlt und mehr Kraft hat."

Ich kann, wie man sieht, ganz schön nerven. Manchmal wundere ich mich, dass ich überhaupt noch Freunde habe. Dieses Mal aber fand ich ein wenig Aufmerksamkeit.

„Gesundheit!", stieß sie aus. „Es geht doch nur um Karma und unsere Gene. Was man isst, macht höchstens 1 Prozent aus."

Ich schwieg eine Zeitlang. Ich sah keinen Sinn darin, ihr zu widersprechen. Aber sie konnte keine Ruhe geben.

„Was meinst du dazu?", forderte sie mich auf.

„Ich denke gerade", sagte ich langsam, „wie einfach es ist, alles abzustreiten, ohne sich dessen bewusst zu sein."

„So, ich streite also ab?", meinte sie gereizt.

„Ich weiß nicht", antwortete ich. „Was glaubst du denn? Könnte es denn nicht eine klitzekleine Möglichkeit geben, dass dem so ist?"

Sie schnappte ein Geschirrhandtuch und schlug spielerisch nach mir.

„Ach John", meinte sie. „Was mache ich denn nur mit dir? Nie gibst du nach. Aber du sorgst dich wirklich um mich, oder?"

In diesem Augenblick war ich froh, dass ich sehr groß bin. Als wir uns umarmten, reichten meine Arme ganz um sie herum. Wir sahen uns in die Augen, erkannten, dass wir uns verstanden, und lachten beide.

Mögen wir alle den Mut haben, die Dinge zu ändern, die wir ändern können, die Gelassenheit, die Dinge hinzunehmen, die wir nicht ändern können, und die Weisheit, das eine vom anderen zu unterscheiden.

21

Mike

Mein Versuch, anderen ohne jede Verurteilung ihrer Ernährungsweise zu helfen, wurde aufs Äußerste auf die Probe gestellt, als ein Freund von mir an Darmkrebs erkrankte. Meine Beziehung zu Mike war nie besonders einfach gewesen, weil er, offen gesagt, ziemlich nerven konnte. Wenn wir gemeinsam essen gingen, fragte er mich immer, ob ich lieber ein Steak oder einen Hamburger wollte, obwohl er ganz genau wusste, dass ich Vegetarier war und Bücher über dieses Thema schrieb. Jedes Mal erzählte er, wie toll ihm das Fleisch oder die Eiscreme schmecke, und bot mir an, ich könne etwas davon abhaben. Immer tat er so, als geschähe das aus Zuneigung und weil er sich Sorgen um meine Gesundheit machte.

Und das war nicht nur in Restaurants so. Mike und ich gingen gemeinsam joggen. Wenn er mich bei den Langstreckenläufen übertrumpfte, die wir manchmal gemeinsam unternahmen, dann schrieb er seinen Sieg ausschließlich dem Speck zu, den er am Morgen gegessen hatte. Ich bin sicher, dass er das auch sagte, selbst wenn er am Morgen nur Müsli gefrühstückt hatte.

Aber ich wollte mir von ihm nicht den Schneid abkaufen lassen. Ich lächelte nur und schwor mir, dass ich beim nächsten Mal gewinnen würde. Natürlich habe ich es nie geschafft. Er war schon auf der Highschool-Meister im Crosslauf gewesen, ein wahres Naturtalent. Ich andererseits ... habe es zumindest versucht!

Dennoch machte ich mir um ihn Sorgen. Vielleicht weil ihm alles Körperliche stets leichtgefallen war, schien Mike seine Gesundheit als gegeben hinzunehmen. Mit Ausnahme unserer Läufe trieb er nie Sport. Deshalb setzte er im Lauf der Zeit immer mehr Gewicht an. Das Laufen interessierte ihn immer weniger, schließlich gab er es ganz auf.

Ich zog ihn damit auf, dass er wohl befürchte, gegen mich zu verlieren, und dass er nur deswegen nicht mehr laufe, weil er einfach vermeiden wolle, dass ich vor ihm über die Ziellinie käme. Seine Antwort war nicht gerade subtil: „Scheiß drauf, Herr Bohnensprossen-zum-Frühstück. Du könntest nicht mal gegen mich gewinnen, wenn ich auf einem Bein hüpfen müsste." Natürlich stimmt das nicht. Ich hatte noch nie Bohnensprossen zum Frühstück gegessen.

Einmal sprach ich mit ihm über *ahimsa*, die Praxis der Gewaltlosigkeit, die Praxis des Mitgefühls für alle lebenden Wesen.

„Klingt gut", antwortete er. „Ich praktiziere *Ahimsa* auch. *Ahimsa* für mich selbst. Ich tue mir keine Gewalt an, indem ich mir eine leckere Scheibe Roastbeef versage. Machst du mit?"

„Nein danke", antwortete ich milde. Ich sagte dann nichts mehr. Ich wollte mich nicht mit ihm streiten. Ich wollte nicht noch mehr Trennendes zwischen uns haben. Er sorgte selbst schon für genügend Abstand.

„Kein Problem", antwortete er. „Aber vergiss nicht, dass auch Pflanzen ein Bewusstsein haben." Er zeigte auf meinen Salat. „Du killst die armen Salatblätter."

Ein anderes Mal erzählte ich ihm, dass ich mir wegen seiner Gesundheit Sorgen machte. „Ich will nicht, dass du krank wirst." Ich erzählte ihm, dass sich Leute, die sich wie er ernährten, oft an chronischen Erkrankungen wie Krebs litten.

„Vielleicht", antwortete er. „Wenn es in den Sternen steht, wird es wohl passieren." Er klang resigniert.

Nachdem Mike noch mehr Gewicht zugelegt und ganz mit dem Sport aufgehört hatte, begann seine Frau sich Sorgen zu machen. „Er ist zunehmend gereizt und leicht aufbrausend. Und schlimmer noch, er will mit niemandem mehr über seine Gefühle sprechen und verbringt seine ganze Zeit nur noch vor dem Computer."

Wir trafen uns damals kaum noch, bis mich Mike eines Tages anrief, weil er mit mir reden wollte. Er war beim Arzt gewesen und hatte schlechte Nachrichten. Ob ich kommen könnte?

Ja, sagte ich, ich käme gleich.

Als ich eintraf, herrschte eine gedrückte, düstere Atmosphäre. Seine Frau sprach zuerst. Sie erzählte mir, dass bei Mike eine ernsthafte und schwere Art von Darmkrebs diagnostiziert worden sei: *Dukes D*, Fernmetastasen. Ich wusste, was das bedeutete – der Krebs hatte bereits im ganzen Körper gestreut. Die Aussichten sind bei *Dukes D* schrecklich. Die fünfjährige Überlebensrate beträgt rund 5 Prozent, im besten Falle 20 Prozent, wenn die Metastasen der Leber chirurgisch entfernt werden können.

Sie hatten Angst. Ich hörte zu, aber mein Herz war krank. Oh Mike, dachte ich, oh Mike! Warum hast du nicht auf mich gehört? Habe ich es dir nicht gesagt? Nach außen versuchte ich zuzuhören und zu helfen, aber innerlich war ich wütend und verletzt – wütend auf Mike, weil er nicht besser auf sich aufgepasst hatte, wütend auf Gott, weil er das zuließ, und wütend auf mich selbst, weil ich es nicht verhindern konnte.

Ich hörte so aufmerksam wie möglich zu und stellte ein paar Fragen. Sie sprachen über seine Behandlungschancen und über den finanziellen Druck, mit dem sie klarkommen mussten. Sie sprachen nicht über die Ernährung. Ich blieb zum Abendessen. Mike aß einen Hamburger, Pommes und einen Becher Eiscreme. Er wirkte niedergeschlagen.

Endlich machte er keine abfälligen Witze mehr über meine gesundheitsbewusste Ernährungsweise, obwohl ich mir vermutlich zum ersten Mal wünschte, er täte es. Ich wollte, dass er wieder der Alte war, der mich mit dummen Bemerkungen aufzog. Er mag ein Nervtöter gewesen sein, aber wir waren Freunde gewesen, Kumpel, Compadres. Oh Mike.

Es tat mir weh, und ich wollte es nicht wahrhaben. Ich wollte dem, was da geschah, nicht in die Augen sehen. Ich wollte meinen alten Kumpel Mike zurückhaben, den, der mich so nervte.

In den folgenden Wochen wurde Mike operiert und erhielt eine Chemotherapie. Es ging ihm schlecht, ihm war übel, er hatte Bauchschmerzen, übergab sich, litt an Durchfall und jeder Menge anderem Stress, aber er setzte seine ganze Hoffnung auf die heilende Wirkung

der Medikamente. Er machte deutlich, dass er nichts von Alternativ-
oder Komplementärmedizin hören wollte.

Es war schwer für mich, ihn nicht zu kritisieren. Als Mike sich darüber beschwerte, wie hilflos er sich fühlte, versuchte ich ihm dabei
zu helfen, die richtigen Entscheidungen zu treffen, aber ich dachte
doch bei mir: „Warum hast du nicht vorher daran gedacht? Was hast
du denn bei deiner Lebensweise anderes erwartet?" Er meinte, jetzt
stelle er endlich seine Ernährung um, aber das überzeugte mich nicht.
Soweit ich sagen konnte, aß er immer noch dasselbe Junkfood wie
früher.

Mikes letzte Tage waren weder angenehm noch schön. Aber es er-
eignete sich etwas, das ich nie vergessen werde. Ich will es nicht überbewerten, aber mir war es wichtig.

Als ich ihn praktisch zum letzten Mal sah, sagte Mike zu mir:
„Danke, dass du mich nicht gezwungen hast. Ich mag einfach kein Gemüse, das ist alles."

„Es ist gut, dass du das sagst. Aber ganz ehrlich, Mike, ich fühle
mich schlecht, weil ich nicht mehr gedrängt habe. Es hätte dir vielleicht geholfen."

„Nein, hätte es nicht. Ich war völlig festgefahren. Ich hätte nie auf
dich gehört."

Er hielt inne und ergriff meine Hand. „Ich habe deine Liebe immer
gespürt, John. Immer. Weißt du, was das bedeutet?"

„Nein."

„Mehr als du je begreifen kannst, du Möhrenhirn."

An den Rest unseres Gesprächs kann ich mich nicht mehr erinnern, weil ich so sehr weinte.

22

Über das Leiden

D as Leben kann eines der schwersten sein. Manchmal wirkt es so, als sei andere zu verletzen so menschlich wie atmen. Deshalb frage ich: Können wir uns unserer Verletzungen bewusst sein und gleichzeitig unsere Klarheit, unseren inneren Frieden und unsere innere Stärke so beibehalten, dass wir auf eine Situation wirksam zu reagieren verstehen? Können wir akzeptieren, dass Leiden real ist, und dennoch so viel wie möglich tun, um es zu mildern oder zu verhindern?

Ich glaube nicht, dass uns das gelingt, wenn wir die Augen vor dem Leiden verschließen. Wenn wir unser Leiden ignorieren, dann ignorieren wir unsere eigene Wahrheit. Das erzeugt auf vielen Ebenen Krankheit. Unsere Ernährungsweise ist von enormer Bedeutung, einer der größten und am wenigsten beachteten Krankheitsursachen in unserer modernen Welt ist allerdings die Unterdrückung von Gefühlen und die daraus folgende Unfähigkeit, Freude und Lebendigkeit zu erleben.

Wenn wir uns panzern, um uns gegen die Erfahrung des Verlustes zu schützen, berauben wir uns. Es erschöpft uns, unsere Gefühle immerfort unter dem Deckel zu halten. Wir resignieren und werden passiv - nicht, weil uns alles egal wäre, sondern weil wir nicht mehr trauern. Wir machen dicht, weil unsere Herzen so übervoll sind von Trauer, dass wir keinen Platz mehr für andere Gefühle haben. Etwas Ruhe, Sport, Spiel und das Loslassen unrealistischer Erwartungen können bereits helfen. Doch manchmal fangen wir erst dann an, wirklich heil zu werden, wenn wir lernen, mit unserer Trauer zu leben, wenn wir uns mit unserem Leiden zutiefst vertraut machen, wenn wir wahrhaft zu trauern lernen.

Das ist nicht immer leicht. Versuchen wir allerdings, dem Schmerz auszuweichen, den das Leben mit sich bringt, weil wir uns bedingungslos gut fühlen wollen, dann können wir auch unsere Liebe und emotionale Beziehung zu anderen nicht mehr ausdrücken. Das aber müssen wir, um gesund und ganz zu sein. Unterdrücken wir unsere Trauer, ersticken wir unser Herz.

Von Kind an lernen wir, Trauer wie einen Feind zu bekämpfen, alles von uns zu weisen, was unangenehm, schwierig oder enttäuschend sein könnte. Oft verurteilen wir uns streng wegen unserer Verletzlichkeit. Heilung jedoch ist nicht nur das Fehlen von Leiden. Heilung bedeutet, unser Leid direkt anzugehen und es zum Katalysator für Lösungen zu machen, die uns als Menschen ganz und uns damit menschlicher machen.

Heilung beginnt damit, dass wir werden, wer wir sind, dass wir ehrlich sind mit uns und unserer Welt. Mitgefühl verlangt von uns den Mut, dem Leiden in die Augen zu sehen.

Die Menschen, die mein Herz und mein Leben weitergebracht haben, wussten immer, ihre Freude mit anderen Menschen zu teilen – und, vielleicht ebenso bedeutsam, ihre Ängste und Sorgen. Sie begriffen, dass es stets Zeiten gibt, in denen wir nicht mehr weiterkönnen, in denen wir uns verloren glauben, in denen wir ganz schrecklich einsam sind, in denen wir uns am liebsten vor Selbstmitleid in eine Ecke verkriechen würden. Sie wissen, dass jeder von uns seine dunkle Nacht der Seele erlebt, und sie begreifen, dass man in solchen Zeiten andere braucht, die man aufsuchen kann, andere, bei denen man emotional verletzbar und aufrichtig sein darf. Das erinnert uns selbst mitten in unserer Verzweiflung daran, dass wir Teil einer Gemeinschaft sind, dass es andere gibt, denen wir nicht gleichgültig sind, dass wir immer noch im Fluss des Lebens schwimmen. Unsere Trauer verbindet uns mit dem, was wir sind, mit unseren Leidenschaften, unserem Engagement, unserem Mut und unserer Verletzlichkeit.

Gerade heute ist es unendlich wichtig, das zu erkennen, weil ich nicht glaube, dass jemand die Unermesslichkeit dessen erkennen kann, was um uns herum geschieht, ohne Schmerz wegen des Leides zu empfinden oder Sorge um unsere gemeinsamen Zukunft. Jeder von uns kennt natürlich sein eigenes Leid, seine persönlichen Verluste und Enttäuschungen und Frustrationen. Aber der Schmerz, den wir innerlich fühlen, sprengt die Grenzen des Individuums. Er berührt das Leben jedes Einzelnen und zudem etwas noch viel Größeres. Heute steht die Zukunft der Erde auf dem Spiel.

Wir alle spüren diesen Schmerz. Er liegt in der Natur unserer Zeit, wir alle müssen ihn annehmen. Tief in diesem gemeinsamen Schmerz aber fühlen wir unsere gemeinsame Sorge, unsere gemeinsamen Gebete und dass wir etwas dagegen tun können. Dieser gefühlte Schmerz bedeutet, dass die Schale zerbricht, in der unsere Fähigkeit zu handeln eingeschlossen war. Aus solchen Zeiten kann etwas äußerst Wertvolles erwachsen. Unser gemeinsamer Schmerz, das sind die Geburtswehen einer neuen Welt.

Manche nennen unsere Zeit den „großen Wendepunkt", sie stellt aber auch eine große Offenbarung dar. In dieser Zeit müssen wir sehr sorgsam auf das achten, was stirbt, und auf das, was gerade geboren wird, auf das, was tragisch, und auf das, was wunderschön ist. Wir dürfen keine Angst mehr vor dem Schmerz haben und keine Angst mehr vor der Freude. Wir haben die Kraft, die Dinge zu verändern.

In unserer Zeit erleben wir Kriege, Zerstörung, Epidemien und Seuchen von fast biblischen Ausmaßen. Wie wir aber mit diesen Katastrophen umgehen, liegt ganz bei uns. Wir können es zulassen, dass sie unsere ganze Entschlossenheit und all unsere Möglichkeiten zerstören. Wir blicken der Geschichte ins Gesicht und können unseren Blick abwenden. Oder wir können unseren Schmerz dazu nutzen, uns noch tiefer um alles zu sorgen, was bei uns und in der Welt gut und lebensspendend ist.

Es sind keine einfachen Zeiten, in denen wir weder an uns selbst und an die Chancen des Menschen glauben können, noch Zuversicht in unsere gemeinsame Zukunft haben. Dürrekatastrophen, schwere Stürme und das Ansteigen des Meeresspiegels gefährden die gesamte Menschheit. Es ist heute von größter Wichtigkeit, dass wir uns selbst und die anderen nicht aufgeben, dass wir weiterhin an unsere Chancen als Menschen glauben. Wie viele andere ziehe ich Kraft daraus, dass es unter uns Menschen gab wie Dr. Martin Luther King, Nelson Mandela und Aung San Suu Kyi. Und ich weiß, dass es noch Millionen anderer Menschen gibt, deren Namen kaum jemand kennt, die trotz fehlender Anerkennung hart arbeiteten, deren Leben aber von größter Freigiebigkeit, von Weisheit und Mut geprägt war. Wenn ich mich umsehe, dann erkenne ich überall ganz gewöhnliche Menschen, die ihre Furcht in Engagement verwandeln, Gebrochenheit in Kunst und Leiden in Mitgefühl. In jedem Winkel unserer Welt findet man Menschen, die selbst gegen jede Chance für Mitgefühl, Hoffnung und Heilung stehen.

Ich denke beispielsweise an die Hunderttausenden von Menschen, die jahrzehntelang Tag und Nacht keine Mühen gescheut haben, damit wir heute kurz davor stehen, Pocken und Kinderlähmung für immer von der Erde zu tilgen. Und an die vielen Hundert Millionen Menschen weltweit, die sich darum bemühen, ein für die Umwelt nachhaltiges, spirituell erfüllendes und sozial gerechtes Dasein für die Menschen zu schaffen.

Wenn Ihnen wieder einmal jemand erzählt, es komme nicht darauf an, wer Sie sind oder dass Ihre Taten und Ihre Liebe keine Bedeutung haben, dann sollte er Folgendes wissen: Jeder, der mit seinem Leben für das einsteht, was ihm etwas bedeutet, ist Teil von etwas ganz Großem. Der Kampf um Gerechtigkeit ist so alt wie die Tyrannei selbst, und die Sehnsucht nach einer von Liebe geleiteten Welt ist so alt wie das menschliche Herz.

23

Stark sein an den verletzten Stellen

ch sehne mich nach dem Weltfrieden. Vielleicht geht es Ihnen ebenso. Und doch gibt unsere Welt an jedem Tag mehr als vier Milliarden Dollar für Kriege aus. Die letzten 100 Jahre waren die blutigsten in der Geschichte der Menschheit.

Ich unterstütze Menschenrechte und Menschenwürde. Ich will, dass jedes Kind gesund und stark aufwächst. Das wollen Sie sicherlich auch. Und dennoch werden heute, wie an jedem anderen Tag auch, 20.000 Kinder an Hunger und in Armut sterben. In den Vereinigten Staaten lebten im Jahr 2011 fast 25 Prozent aller Kinder unter der Armutsgrenze. Mehr als 45 Million Amerikaner waren auf Lebensmittelmarken angewiesen, damit sie etwas zu essen hatten.

Ich glaube daran, dass alle Menschen Brüder und Schwestern sind. Ich glaube, dass jedes Menschenleben von Wert ist. Und doch verfügen die 400 reichsten Leute in unserem Land über mehr Vermögen als 150 Millionen Amerikaner zusammen. 2010 verdienten 25 der 100 höchstbezahlten Geschäftsführer in den USA mehr Geld, als ihre Unternehmen an Einkommenssteuer zahlten.

Ich glaube an eine positive Lebenseinstellung. Dennoch werden die Wälder so schnell abgeholzt, die Korallenriffe so rasch zerstört, schmelzen die Polkappen in einer Geschwindigkeit und werden Arten so schnell ausgerottet, dass es der Erde schwerfallen wird, den Menschen noch länger zu ertragen.

Ich ziehe Kraft aus meiner Beziehung zu den Tieren. Viele meiner besten Freunde haben vier Pfoten. Vielleicht hatten auch Sie schon einmal eine Beziehung zu einem Tier, die Sie als Mensch bereicherte. Und heute stammen praktisch all unser Fleisch und all unsere Milchprodukte von Tieren, die gequält werden.

In der heutigen Zeit gibt es viele Arten von Schmerz und Verlust.

Die Zahl der Arbeitslosen und Obdachlosen steigt stetig, es gibt Tsu-
namis und Terroristen, Kernschmelzen und die bedrohliche Weltwirt-
schaftslage. Was alles in der Welt geschieht, müsste selbst einen Engel
zum Weinen bringen.

An das glaube ich: Wenn wir uns dem Leid und der Zerstörung
im Leben zuwenden und eine Weise finden wollen, wirksam und po-
sitiv darauf zu reagieren, müssen wir offen sein für die lebensstärken-
den Kräfte. Selbst in der schlimmsten Verzweiflung müssen wir auf
unsere Kreativität und unsere Freude hören. Umgeben von Nachrichten, die uns das Herz brechen, müssen wir weiter von Frieden, Möglichkeiten und Fülle träumen.

Manchmal wirkt es, als seien wir gemeinsam mit unserem Planeten
unterwegs zum Tode. Und doch leben wir in einer Zeit der Wunder.
Manche davon sind so alltäglich, dass wir sie für gegeben nehmen. Es
gibt das Wunder der Farbe und das Wunder der Musik. Es gibt das
Wunder der Tränen und das Wunder des Lachens. Es gibt das Wunder
des Atmens und das Wunder der Sonnenuntergänge. Es gibt das Wunder der menschlichen Güte und das Wunder des Verzeihens. Es gibt
das Wunder, dass Menschen weiterhin für eine bessere Welt zusammenarbeiten, selbst wenn überall Zerstörung und Trauer herrschen.

In genau diesem Augenblick lernen Menschen neue Weisen, mitei-
nander zu sprechen, einander besser zu verstehen und ihre Konflikte
zu lösen. In genau diesem Augenblick lernen Menschen zu lesen, andere schreiben Gedichte, andere forsten Wüsten wieder auf. Menschen
widmen ihr Leben der Bekämpfung des sexuellen Missbrauchs an Kindern, andere versuchen, den Hunger in ein Kapitel im Geschichtsbuch
zu verwandeln. Dank des guten Willens und der Bemühungen unzähliger Menschen wachsen Beziehungen in der Tiefe, werden neue Heil-
methoden erforscht, alte Konflikte für immer beendet und neue Wege
der Beziehung zur Erde entdeckt. Eine ständig wachsende Zahl von
Menschen übernimmt die Verantwortung für ihre Gesundheit und setzt
sich dafür ein, dass es ihren Familien und der Gemeinschaft wohler-
geht. Wir dürfen nie vergessen, dass in genau diesem Augenblick, wie
in jedem anderen Augenblick, eine stetig wachsende Zahl von Men-

schen sich um eine bessere Welt bemüht – für sich, für ihre Kinder, für alle Kinder, jetzt und in Zukunft.

Geht es mit uns zu Ende? Oder fangen wir gerade erst an?

Soll uns unsere Verzweiflung vielleicht nicht zerstören, sondern nur neues Leben in uns wecken?

Ja, es gibt hässliche Dinge – deshalb ist es so wichtig, dass wir die Welt schön machen. Ja, es gibt unermessliches Leiden – deshalb brauchen wir viel Mitgefühl. Dann verleihen uns unsere Wunden Tiefe, Empathie und Verständnis. Dann verwandelt sich unser Leiden in etwas, wo wir uns auf andere beziehen und wachsen können.

Und es gibt Quellen der Freude, und wir sind hier, um sie zu schützen und zu schätzen. Wir können unser Leben in ein Kunstwerk verwandeln. Wir können immer noch gedeihliche, gerechte und nachhaltige Weisen des Lebens erschaffen. Trotz aller Täuschungen und gebrochener Versprechen ist die heutige Welt immer noch ein Ort, an dem unsere Herzen sich treffen und gemeinsam beflügelt werden können.

Dafür sollten wir einstehen. Unsere Träume und Gebete wurzeln in etwas, das größer ist als der Tod. Unser Leid und unsere Wut auf die Grausamkeit in der Welt sind ein Teil unseres Erwachens. Heute geschieht etwas Geheimnisvolles in der Welt, und es ist ein Teil unserer Heilung.

Ja, es gibt tatsächlich Kräfte in unserer Psyche, die unbewusst destruktiv sind, aber es ist auch etwas in uns, das sich wundert und sorgt, das die Unendlichkeit berührt und heilig ist.

Wir sind hier, um zu leben – nicht nur, um zu überleben. Wir sind hier, um uns ganz auszudrücken, um das Talent zu feiern, das jeder von uns der Welt schenken kann, und um von den anderen mit ihrem Talent beschenkt zu werden.

Wir sollten das unvermeidliche Leid in unserem Leben und im Leben derer, denen wir begegnen, mit Liebe annehmen. Sorgen wir voller Mitleid für das, was in uns und in unserer Welt stirbt. Und begrüßen wir das neue Leben, das in unseren Seelen bereits herandämmert.

Wir, die wir leben, die wir mit unseren Körpern atmen und mit unseren Herzen lieben, können für so vieles dankbar sein. Bei allem, was uns im Laufe unseres Lebens widerfährt, sollten wir das nie verlernen.

Anhang

Literatur- und DVD-Empfehlungen

Heute gibt es viele ausgezeichnete Bücher und andere Medien über die hier angesprochenen Themen, ob es um die hohen persönlichen oder planetaren Kosten der industriellen Nahrungsmittelproduktion oder um Schritte zur vegetarischen Ernährung geht. Die hier aufgeführten Werke können nur eine kleine Auswahl sein. Es handelt sich um meine Lieblingsbücher, aber die Liste ließe sich ständig erweitern.

BÜCHER

Deutsche Titel

Barnard, Neal. *Iss dich fit. Die vitalisierende Kraft natürlicher Ernährung*: Rowohlt Verlag: Reinbek, 1998 (vergriffen).

Campbell, T. Colin, Ph.D.; Campbell Thomas M..*China Study. Die wissenschaftliche Begründung für eine vegane Ernährungsweise*. Systemische Medizin, 2011.

Clements, Kath. *Vegan. Über die Ethik in der Ernährung und die Notwendigkeit eines Wandels*. Echo Verlag: Göttingen, 2008.

Cox, Peter. *Gesund und fit ohne Fleisch. Ein Plädoyer für die vegetarische Ernährung*. Heyne Verlag: München, 1990 (vergriffen).

Cronberg, Marsili: Wie ich verlernte, Tiere zu essen. Echo Verlag: Göttingen, 2011.

Dahlke, Rüdiger. *Peace Food. Wie der Verzicht auf Fleisch und Milch Körper und Seele heilt*. Gräfe und Unzer Verlag: München, 2011.

Duve, Karin. *Anständig essen. Ein Selbstversuch*. Galiani Verlag: Berlin. 2012.

Foer, Jonathan Safran. *Tiere Essen*. Köln: Kiepenheuer & Witsch, 2010.

Goodall, Jane. *Grund zur Hoffnung*. München: Goldmann, 2001.

Goris, Eva: *Schmeckt's noch? Die Wahrheit über die Praktiken der Lebensmittelindustrie*. Knaur Verlag: München, 2010.

Grabolle, Andreas: *Kein Fleisch macht glücklich. Mit gutem Gefühl essen und genießen.* Goldmann Verlag: München, 2012.

Grimm, Hans-Ulrich. *Aus Teufels Topf. Die neuen Risiken beim Essen.* Klett-Cotta Verlag: Stuttgart, 2009.

Grimm, Hans-Ulrich: *Die Ernährungslüge. Wie uns die Lebensmittelindustrie um den Verstand bringt.* Knaur Verlag: München, 2011.

Grimm, Hans-Ulrich: *Vom Verzehr wird abgeraten. Wie uns die Industrie mit Gesundheitsnahrung krank macht.* Droemer Knaur Verlag: München, 2012.

Kintrup, Martin. *Vegan kochen.* Gräfe und Unzer Verlag: München, 2011.

Leitzmann, Claus; Keller, Markus. *Vegetarische Ernährung.* Uni-Taschenbuch Verlag: Stuttgart, 2010.

Lührs, Katja. *Viva Veggie! Optimale Ernährung für alle.* Hans-Nietsch-Verlag: Emmendingen, 2011 (Ein praktisches Handbuch mit CD-ROM zur Optimierung des persönlichen Speiseplans).

Moschinski, Björn. *Vegan kochen für alle.* Südwest Verlag: München, 2011.

Orlamünder, Cora. *Du bist, was du isst. Wissen wir noch, wer wir sind? Lebensmittelskandale in der modernen Nahrungskultur.* Diplomica Verlag: Hamburg, 2009.

Ornish, Dean, M.D. *Revolution in der Herztherapie: Der Weg zur vollkommenen Gesundheit.* Stuttgart: Lüchow, 2006.

PeTA; Newkirk, Ingrid. *Das Beste aus der veganen Küche. 150 internationale Gericht für alle, die ohne tierische Produkte genießen möchten.* Heyne Taschenbuch: München 2007.

Pierschel, Marc. *Vegan lecker lecker. Raffinierte Köstlichkeiten der veganen Cuisine.* Compassion Media: Münster, 2011.

Pierschel, Marc. *Vegan! Vegane Lebensweise für alle.* Compassion Media: Münster, 2011.

Rauter, Roland: *Einfach vegan! Genussvoll durch den Tag. 100 Rezepte – vom Frühstück bis zum Abendessen.* Schirner Verlag: Darmstadt, 2012.

Robbins, John. *Ernährung für ein neues Jahrtausend.* Hans-Nietsch-Verlag: Waldfeucht, 1995.

Robbins, John. *Food Revolution.* Hans-Nietsch-Verlag: Freiburg, 2003.

Robbins, John. *Gesund bleiben bis 100. Wissenschaftlich erforschte Geheimnisse eines langen und glücklichen Lebens.* Hans-Nietsch-Verlag: Emmendingen, 2012.

Safran Foer, Jonathan. *Tiere essen.* Fischer Verlag: Frankfurt, 2012.

Silverstone, Alicia. *Meine Rezepte für eine bessere Welt. Bewusst genießen, schlank bleiben und die Erde retten. Mit 120 veganen Gerichten. Vorwort von Paul McCartney.* Arkana Verlag: München, 2011.

Steen, Celine; Newman, Joni Marie: *Vegan kochen. So klappt die Umstellung. 200 Rezepte und ausführliche Liste veganer Alternativen.* Dorling Kindersley: München, 2012.

Vagedes, Christian. *veg up. Die veganisierung der welt.* Sicht Verlag: Kiel, 2011.

Vollmeyer, Simon; Schalk, Johannes; Hildmann, Attila: *Vegan for Fun. Vegane Küche, die Spaß macht.* Becker Joest Volk Verlag: Hilden, 2011.

Wagenhofer, Erwin; Annas, Max. *We Feed the World. Was uns das Essen wirklich kostet. Das Buch zum gleichnamigen Film.* Orange Press: Freiburg 2006.

Englische Titel

Barnard, Neal, M.D. *Food for Life: How the New Four Food Groups Can Save Your Life.* New York: Three Rivers Press, 1993.

Baur, Gene. *Farm Sanctuary: Changing Hearts and Minds about Animals und Food.* New York: Touchstone, 2008.

Block, Keith I., M.D. *Life Over Cancer: The Block Center Program for Integrative Cancer Treatment.* New York: Bantam Books, 2009.

Brazier, Brendan. *Thrive: The Vegan Nutrition Guide to Optimal Performance in Sports und Life.* Philadelphia, PA: Da Capo Press, 2007.

Carr, Kris. *Crazy Sexy Diet: Eat Your Veggies, Ignite Your Spark, und Live Like You Mean It!* Guilford, CT: Globe Pequot Press, 2011.

Davis, Brenda, R.D.; Vesanto Melina, M.S., R.D. *Becoming Vegan: The Complete Guide to Adopting a Plant-Based Diet.* Summertown, TN: Book Publishing Company, 2000.

Eisnitz, Gail. *Slaughterhouse: The Shocking Story of Greed, Neglect, und Inhumane Treatment Inside the U.S. Meat Industry.* Amherst, NY: Prometheus Books, 2007.

Esselstyn, Jr., Caldwell B., M.D. *Prevent und Reverse Heart Disease: The Revolutionary, Scientifically Proven, Nutrition-Based Cure.* New York: Avery, 2007.

Esselstyn, Rip. *The Engine 2 Diet: The Texas Firefighter's 28-Day Save-Your-Life Plan that Lowers Cholesterol und Burns Away the Pounds.* New York: Wellness Central, 2009.

Fitzgerald, Randall. *The Hundred-Year Lie: How to Protect Yourself from the Chemicals That Are Destroying Your Health.* New York: Dutton, 2006.

Freston, Kathy. *Quantum Wellness: A Practical Guide to Health and Happiness.* New York: Weinstein Books, 2008.

Freston, Kathy. *Veganist: Lose Weight, Get Healthy, Change the World.* New York: Weinstein Books, 2011.

Fromartz, Samuel. *Organic, Inc.: Natural Foods and How They Grew.* Orlando, FL: Harcourt, 2006.

Fuhrman, Joel, M.D. *Disease-Proof Your Child: Feeding Kids Right.* New York: St. Martin's Press, 2005.

Fuhrman, Joel, M.D. *Eat to Live: The Revolutionary Formula for Fast und Sustained Weigh Loss.* New York: Little, Brown und Company, 2003.

Halweil, Brian. *Eat Here: Reclaiming Homegrown Pleasures in a Global Supermarket.* New York: W. W. Norton & Company, 2004.

Hever, Julieanna, M.S., R.D., C.P.T. *The Complete Idiot's Guide to Plant-Based Nutrition.* New York: Alpha Books, 2011.

Joy, Melanie. *Why We Love Dogs, Eat Pigs, und Wear Cows: An Introduction to Carnism.* San Francisco: Conari Press, 2010.

Keon, Joseph. *Whitewash: The Disturbing Truth About Cow's Milk und Your Health.* Gabriola Island, BC, Canada: New Society Publishers, 2010.

Lyman, Howard F.; Merzer, Glen. *Mad Cowboy: Plain Truth from the Cattle Rancher Who Won't Eat Meat.* New York: Touchstone, 1998.

Lyman, Howard F.; Merzer, Glen; Samorow-Merzer, Joanna. *No More Bull!: The Mad Cowboy Targets America's Worst Enemy: Our Diet.* New York: Scribner, 2005.

McDougall, John A., M.D. *The McDougal Program for a Healthy Heart: A Lifesaving Approach to Preventing and Treating Heart Disease.* New York: Plume, 1998.

Midkiff, Ken. *The Meat You Eat: How Corporate Farming Has Endangered America's Food Supply.* New York: St. Martin's Press, 2004.

Moore Lappé, Frances; Lappé, Anna. *Hope's Edge: The Next Diet for a Small Planet.* New York: Jeremy P. Tarcher/Putnam, 2002.

Nestle, Marion. *Food Politics: How the Food Industry Influences Nutrition and Health.* Berkeley, CA: University of California Press, 2002.

Niman, Nicolette Hahn. *Righteous Porkchop: Finding a Life und Good Food Beyond Factory Farms.* New York: Collins, 2009.

Patrick-Goudreau, Colleen. *Color Me Vegan: Maximize Your Nutrient Intake und Optimize Your Health by Eating Antioxidant-Rich, Fiber-Packed, Color-Intense Meals That Taste Great.* Beverly, MA: Fair Winds Press, 2010.

Pollan, Michael. *The Omnivore's Dilemma: A Natural History of our Meals.* New York: Penguin, 2007.

Robin, Marie-Monique. *The World According to Monsanto: Pollution, Corruption, and the Control of the World's Food Supply.* New York: The New Press, 2008.

Schlosser, Eric. *Fast Food Nation: The Dark Side of the All-American Meal.* New York: Houghton Mifflin Company, 2001.

Servan-Schreiber, David, M.D., Ph.D. *Anticancer, A New Way of Life*. New York: Viking, 2008.

Simon, Michele. *Appetite for Profit: How the Food Industry Undermines Our Health and How to Fight Back*. New York: Nation Books, 2006.

Singer, Peter; Mason, Jim. *The Ethics of What We Eat: Why Our Food Choices Matter*. New York: Rodale, 2006.

Tuttle, Will, Ph.D. *The World Peace Diet: Eating for Spiritual Health and Social Harmony*. New York: Lantern Books, 2005.

DOKUMENTARFILME

30 Days (2005-2008). Fernsehserie von Morgan Spurlock, die zuerst auf dem FX Network ausgestrahlt wurde.

A Delicate Balance: The Truth (2008). Buch und Regie: Aaron Scheibner.

Bad Seed: The Truth about Our Food (2006). Buch und Regie: Timo Nadudvari. Analysiert die genetische Veränderung von Nahrungsmitteln, Interviews mit Wissenschaftlern, Farmern, Lebensmittelaktivisten und Opfern von genetisch manipulierten Produkten.

Black Gold: Wake Up and Smell the Coffee (2007). Regie: Marc Francis und Nick Francis. Eine tiefgreifende Analyse der Welt des Kaffees und des weltweiten Handels.

Change Your Food, Change Your Life (2005). Von Jill Ovnik, dem Präsidenten und Gründer von Vegan-Gal.com, produzierte DVD. Einkaufsideen, Restauranttipps und vegane Schritt-für-Schritt-Kochrezepte.

Death on a Factory Farm (2009). Regie: Tom Simon und Sarah Teale. Dokumentarfilm über die grausame Viehzucht in den Vereinigten Staaten. Erstausstrahlung auf HBO am 16. März 2009.

Dirt! The Movie (2009). Regie: Bill Benenson, Gene Rosow und Eleonore Dailly. Sprecherin: Jamie Lee Curtis. Betrachtet unsere Beziehung zu Dreck und unsere innige Verbindung zu Dreck und zur restlichen Natur.

Fed Up! Genetic Engineering, Industrial Agriculture und Sustainable Alternatives (2006). Regie: Angelo Sacerdote. Humorvolle und dennoch informative Fakten über die Genmanipulation von Nahrungsmitteln von Wissenschaftlern, Farmern, Aktivisten und Regierungsbeamten.

Food Fight (2008). Regie: Christopher Taylor. Eine faszinierende Betrachtung der amerikanischen Landwirtschaftspolitik und Esskultur im 20. Jahrhundert und der Bewegung gegen die großen Agrarkonzerne. Mit Michael Pollan, Alice Waters und Marion Nestle.

Food, Inc. (2009). Regie: Robert Kenner. Buch: Robert Kenner, Kim Roberts und Elise Pearlstein. Ein ungeschönter Blick hinter die Kulissen der großen amerikanischen Lebensmittelkonzerne.

Food Matters (2008). James Colquhoun und Laurentine Ten Bosch interviewen führende Experten zu Ernährung und natürlichem Heilen und darüber, welchen Schaden wir unseren Körpern durch falsche Ernährung zufügen und wie man durch eine Ernährungsumstellung chronische und sogar tödliche Krankheiten heilen kann.

Forks Over Knives (2011). Buch und Regie: Lee Fulkerson. Zeigt, wie degenerative Erkrankungen durch eine Ernährungsumstellung beherrscht oder sogar geheilt werden können.

Fresh (2009). Buch: Ana Sofia Joanes. Ein Gespräch mit Will Allen (dem Träger des „MacArthur's 2008 Genius Award"), einem nachhaltig wirtschaftenden Farmer, dem Unternehmer Joel Salatin und dem Supermarktbetreiber David Ball, der Walmart herausforderte.

Inside Job (2010). Buch und Regie: Charles Ferguson, erzählt von Matt Damon. Ein präziser Blick auf die Ursachen der Finanzkrise.

King Corn (2007). Regie: Aaron Woolf. Der Dokumentarfilm hinterfragt die Grundsätze der modernen Agrarindustrie und stellt brennende Fragen über diese Industrie und die Politik der Regierung.

Meat the Truth (2008). Buch und Regie: Karen Soeters. Film über die Massentierhaltung, der zeigt, dass sie weltweit mehr Treibhausgase erzeugt als alle mit fossilen Brennstoffen angetriebenen Autos zusammengenommen.

McLibel:The Story of Two People Who Wouldn't Say McSorry (2005). Produzentin und Buch: Franny Armstrong. Die Geschichte zweier ganz normaler Menschen, die der multinationalen Macht von *McDonald's* trotzen und so das deren größtes PR-Desaster herbeiführten.

Processed People (2009). Regie: Jeff Nelson. Buch: Sabrina Nelson. Faktenreicher Kommentar zu Essen und Gesundheit.

Super Size Me (2004). Buch und Regie: Morgan Spurlock. Ein Selbstexperiment zu den gesundheitlichen Folgen einer ausschließlichen Ernährung bei *McDonald's*.

The Corporation (2003). Regie: Mark Achbar und Jennifer Abbott. Der Dokumentarfilm untersucht die Idee des Konzerns im Laufe der Geschichte und warum Konzerne heute marktbeherrschend geworden sind.

The Future of Food (2004). Buch und Regie: Deborah Koons. Detaillierte Untersuchung der verstörenden Wahrheiten über die modernen, nicht deklarierten, patentierten, genetisch veränderten Nahrungsmittel.

The Garden (2008). Buch und Regie: Scott Hamilton Kennedy. Die Geschichte des größten Gemeindegartens der USA, der heute von Bulldozern bedroht wird.

The Power of Community: How Cuba Survived Peak Oil (2009). Regie: Faith Morgan. Untersucht Kubas Übergang von ölabhängigen Farmen und Plantagen und der Abhängigkeit von aus fossilen Brennstoffen hergestellten Pestiziden und Düngemitteln zu kleinen Bio-Farmen und Stadtgärten.

The Real Dirt on Farmer John (2006). Regie: Taggart Siegel. Die Heldengeschichte eines einfallsreichen Farmers aus dem Mittleren Westen der USA, der mitten in einer wirtschaftlichen Krise trotz bösartiger Gerüchte und Brandstiftung seine Farm umstellt.

The Story of Stuff (2007). Regie: Louis Fox. Kurzer Zeichentrickfilm, der unsere Konsumgesellschaft infrage stellt und ernsthaft über unsere Abhängigkeit von „Zeug" spricht.

The Witness (2000). Regie: James LaVeck und Jenny Stein. Die Geschichte eines Mannes, der sein Leben lang unter der Furcht vor Tieren litt, bis eine Erfahrung sein Leben so veränderte, dass er sich heute um die Rettung ausgesetzter Tiere kümmert.

The World According to Monsanto (2008). Regie: Marie-Monique Robin. Der Dokumentarfilm folgt einer ganzen Reihe von Kontroversen um den Einsatz und die Werbung für gentechnisch verändertes Saatgut, polychlorierte Biphenyle und bovine Wachstumshormone.

Vanishing of the Bees (2009). Regie: George Langworthy und Maryam Henein. Untersucht das plötzliche Verschwinden der Honigbiene aufgrund des noch nicht verstandenen Phänomens des sogenannten Völkerkollaps.

Über den Autor

John Robbins ist der Autor des millionenfach verkauften Bestsellers *Ernährung für ein neues Jahrtausend,* er gilt als einer der weltweit führenden Experten für die Ernährung als Bindeglied zwischen Umwelt und Gesundheit. Über seine Arbeit wurde in Titelgeschichten und im Feuilleton des *San Francisco Chronicle,* der *Los Angeles Times,* der *Washington Post,* der *New York Times* und im Magazin *People* berichtet. Robbins war sowohl als prominenter Gastredner als auch als Hauptredner auf Hunderten wichtiger Konferenzen, darunter solchen, die vom Sierra Club und der UNICEF gesponsert wurden. Zu seinen vielen Auszeichnungen gehören unter anderem der Rachel Carson Award und der Albert Schweitzer Humanitarian Award. Er ist der Gründer von EarthSave International, einer gemeinnützigen Organisation, die sich für gesunde Ernährung, Umweltschutz und eine mitfühlendere Welt einsetzt. Robbins lebt mit seiner Frau Deo, seinem Sohn Ocean und seiner Tochter in Liebe, Michele, sowie zwei Enkelkindern, den Zwillingen River und Bodhi, in der Nähe von Santa Cruz in Kalifornien.

Sie können mit John Robbins über seine Homepage Kontakt aufnehmen: *www.johnrobbins.info.*

John Robbins' Internet-Seite

Besuchen Sie *www.johnrobbins.info.* Sie erhalten dort die neuesten Informationen und Adressen, um die Botschaft dieses Buchs in Ihr Leben zu übernehmen.

Sie finden dort:

o Organisationen, Internetseiten, Bücher und Filme,
o Information über Veranstaltungen mit John Robbins und wie Sie Kontakt mit ihm aufnehmen können,
o Artikel von und Videos mit John Robbins und
o Fragen und Antworten zu wichtigen Themen

Besuchen Sie *www.johnrobbins.info*.